AF403519

LA
QUESTION DU LATIN

DU MÊME AUTEUR:

LE PÉRIL NATIONAL

Ouvrage couronné par l'Académie française.

6ᵉ édition.

LE MANUEL DU DÉMAGOGUE

2ᵉ édition.

LA
QUESTION DU LATIN

PAR

RAOUL FRARY

——

DEUXIÈME ÉDITION

PARIS

LIBRAIRIE LÉOPOLD CERF

13, RUE DE MÉDICIS, 13

CHAPITRE PREMIER

OBJET DE CE LIVRE

A peine la France commençait-elle à respirer après tant de désastres, que de toutes parts on réclama la réforme de notre système d'instruction publique. Les invasions de 1814 et de 1815 nous avaient peu avertis, parce qu'elles ne nous avaient pas humiliés; un peuple accablé par le nombre n'éprouve pas le besoin de s'amender. L'invasion de 1870 nous obligeait à confesser une infériorité dont il fallait bien chercher l'origine. Les convulsions de la Commune enfonçaient davantage dans les esprits les dures leçons de la défaite. Personne ne crut qu'il suffît d'établir un gouvernement plus responsable et d'élever le

chiffre de nos soldats. On pénétra plus avant
dans les causes de nos malheurs ; on jura de
former pour l'avenir une génération plus forte et
plus éclairée. L'exemple même de nos vainqueurs
nous engageait à fonder sur une meilleure éducation de la jeunesse l'espoir d'une revanche ou
la sécurité du territoire amoindri.

Nos querelles intestines n'ont pas détourné
notre attention de ce vaste sujet. L'école est un
des champs de bataille que les partis se disputent avec le plus d'acharnement. Sous l'Assemblée nationale, les amis du clergé voulurent
profiter de leur ascendant éphémère pour fortifier l'influence du clergé sur l'instruction publique. Les républicains répondirent à cette
tentative imprudente par des lois et des mesures
de représailles qui n'ont cessé de tenir en haleine l'attention des Chambres, de la presse et
du public. Mais c'est le propre des querelles religieuses de faire dévier les discussions, d'obs-
curcir les problèmes, et de sacrifier les questions importantes aux questions irritantes.

Quelques esprits libres et impartiaux, s'élevant
au-dessus des passions qui agitaient la foule
des hommes d'État, ont cependant proposé des

réformes dont l'objet n'était pas d'abaisser un adversaire, mais de rendre à la France sa grandeur perdue. C'est à M. Michel Bréal que revient l'honneur d'avoir donné le branle. Sous ce titre modeste : *Quelques mots sur l'instruction publique,* il publia, en 1872, un livre qui était une révélation. Jamais on n'avait troublé par des critiques plus fortes le contentement qui est notre état naturel. Nos revers nous avaient bien persuadés qu'il fallait faire plus; nous ignorions combien il était nécessaire de faire mieux. On a reproché à M. Bréal de trop admirer les Allemands; on a prétendu qu'il nous faisait tomber d'un excès d'amour-propre dans un excès d'humilité. S'il en était ainsi, nous ne devrions pas nous en plaindre. La routine est si puissante, que les réformateurs ont souvent le droit, et le devoir, d'exagérer un peu : ils ne risquent guère d'obtenir tout ce qu'ils demandent. L'effort demeure presque toujours en deçà des motifs qui le provoquent, comme le résultat demeure en deçà de l'effort.

L'impulsion donnée à l'enseignement primaire n'a pas rencontré d'obstacles insurmontables; dans ce domaine, on a plus disputé sur le per-

sonnel que sur la méthode. D'ailleurs le suffrage universel savait ce qu'il voulait ; il n'y
avait qu'à obéir. A l'égard de l'enseignement
supérieur, on n'avait à craindre ni résistances
puissantes, ni préjugés enracinés. Le progrès
choquait peu de monde ; les hommes compétents trouvaient peu d'adversaires ; l'Université
se heurtait à des concurrents plutôt qu'à des
critiques. S'il a fallu livrer quelques batailles
autour des Facultés comme autour de l'école
primaire, la victoire est acquise et porte ses
fruits.

Il n'en est pas de même en ce qui regarde
l'enseignement secondaire. Ici la tradition exer-
çait un empire plus absolu ; le pouvoir était
moins libre ou moins chaudement soutenu par
l'opinion ; les partis conservateurs possédaient
plus d'autorité ; le public intervenait avec plus
de présomption que pour les hautes études, et
tranchait les problèmes avec moins de décision
que pour les études élémentaires. Aussi y eut-il
plus d'un revirement. M. Jules Simon prescrivit
des réformes par une circulaire fameuse, et les
justifia dans un livre éloquent. La réaction em-
porta son œuvre ; elle fut reprise par M. Jules

Ferry, après le triomphe définitif et complet de la cause républicaine. Mais les nouveaux programmes sont à l'essai jusqu'à ce que le temps ait démontré leur valeur. De bons esprits affirment que les premiers résultats sont peu encourageants.

C'est de l'enseignement secondaire que je vais m'occuper. On en a beaucoup parlé, mais il ne me semble pas qu'on ait tout dit. On a discuté sur les méthodes avec assez d'esprit, de verve et d'érudition ; je ne sais si l'on a examiné le but à atteindre. Les plus hardis admettent encore bien des hypothèses, respectent bien des préjugés. On ne piétine plus sur place ; peut-être tourne-t-on dans un cercle qu'il faudrait rompre. On emploie infiniment de zèle et de sagacité à résoudre des problèmes embarrassants ; si l'on s'arrête à des solutions fausses ou incomplètes, cela tient sans doute à ce que les données des problèmes sont elles-mêmes incomplètes ou fausses. La timidité, dans notre pays, se joint le plus souvent à la compétence ; ceux qui auraient le droit d'être audacieux ne se piquent que d'une modération par trop sage. N'est-ce pas un travers de notre esprit qui tient à un défaut de notre éducation, d'admettre trop aisément des principes, des axiomes, des nécessités sur lesquels nous raisonnons avec beaucoup de logique et de justesse? Nous bâtissons à merveille sur des fondements ruineux. Nous excellons à construire, non à creuser. Si les Allemands l'emportent sur nous par le goût minutieux du détail, nous laissons maintenant aux Anglais la palme des recherches vraiment philosophiques sur le fond des choses. Osons le dire, nous sommes un peuple par trop sensé, sauf en politique, et nous redoutons trop les révolutions qui ne s'accomplissent pas dans la rue.

Ce n'est pas qu'il soit possible, ou même désirable, de bouleverser d'un seul coup l'enseignement secondaire. C'est surtout en cette matière qu'il faut faire au temps sa part. Tout s'improvise, excepté un bon maître. La Révolution a pu trouver des généraux parmi les sergents, non des professeurs parmi les illettrés. Aussi fut-elle à peu près impuissante à remplacer ce qu'elle détruisait. Vous obligerez un juge à appliquer une loi qu'il tient pour mauvaise; vous n'obligerez pas un homme à enseigner ce qu'il ignore.

Mais on peut concevoir un plan, l'adopter

après mûre délibération, puis l'appliquer avec fermeté, sans précipitation ni tâtonnements. Quand on sait bien ce qu'on veut, on peut compter avec les années. Il n'est pas nécessaire de voler au but ; il suffit d'y marcher. Le grand mal n'est pas la lenteur ; c'est l'erreur. Un boiteux qui connaît son chemin arrive plus vite qu'un coureur qui s'égare. C'est donc le but et l'objet de l'enseignement primaire qu'il faut tout d'abord rechercher et fixer ; cette recherche est l'objet de ce livre.

Quant aux motifs qui m'engagent à entreprendre une tâche que d'autres auraient pu accomplir avec plus d'autorité, un mot les résumera : je crois faire œuvre utile au pays. Il m'a semblé que la réforme de l'enseignement secondaire importait à l'avenir de la France bien plus que ne le soupçonne le vulgaire, que ne le pensent même quelques-uns de ceux qui s'en occupent par profession ou par goût. Trop souvent on n'envisage les programmes universitaires qu'au point de vue de la culture donnée aux esprits d'élite ; on en méconnaît l'influence sociale et politique en ne voyant dans l'éducation classique qu'une sorte de parure intellectuelle. Beaucoup ne se préoccupent que des écoles ouvertes au plus grand nombre, parce que c'est le nombre qui règne ; ils oublient que c'est la minorité qui gouverne. De là vient que les mêmes publicistes et les mêmes législateurs examinent les questions d'enseignement primaire en hommes d'État, et les questions d'enseignement secondaire en artistes : ils tranchent les premières avec leur raison et les secondes avec leur imagination. J'essaierai de prouver que la prospérité même matérielle de la France dépend pour une bonne partie de la direction imprimée aux études dans les lycées et collèges, et que les gouvernants se chargent d'une responsabilité dont ils mesurent mal l'étendue, quand ils assument cette redoutable puissance sur la jeunesse, legs de Napoléon, légèrement accepté avec le reste de son héritage.

Le temps n'est plus où l'idée du beau dominait et inspirait la politique, où les puissants délibéraient avec une sérénité tout académique sur la culture intellectuelle qui convient à un peuple, et se proposaient surtout de conserver ou de conquérir une prééminence plus ou moins chimérique dans les choses de l'esprit. Les questions

d'enseignement ne sont plus des questions purement littéraires ; elles intéressent notre avenir et
notre vie, parce que les solutions mauvaises risquent de compromettre notre tranquillité intérieure, ou de nous affaiblir dans la lutte incessante que nous soutenons contre nos rivaux. Aujourd'hui plus que jamais, tout est dans tout,
parce qu'il n'y a plus de barrières qui empêchent
les classes sociales de se toucher et de se mêler,
plus de privilèges qui garantissent une catégorie
de citoyens contre les conséquences d'une éducation mal conçue. Ce n'est pas seulement en
lisant les copies couronnées au concours général,
ou en assistant aux examens qui ouvrent l'entrée
d'une carrière, qu'on se sent appelé à porter un
jugement sur les programmes et les méthodes
d'enseignement. Le philosophe y pense aussi
quand il suit les débats des Chambres ou des
réunions électorales, quand il parcourt les journaux, quand il étudie la statistique de l'industrie,
du commerce, de l'agriculture, de la justice civile et criminelle. Pour faire une enquête sérieuse sur un si vaste sujet, il ne se contentera
pas d'interroger les professeurs, les écrivains et
les critiques ; il consultera aussi le militaire, le

marin, l'économiste, le négociant, le banquier. Il s'informera de l'opinion des étrangers sur notre compte. Il se tiendra au courant des derniers progrès de la physiologie politique. Il cherchera à déterminer par une analyse pénétrante et scrupuleuse l'action de cet organe, le corps enseignant, sur cet organisme, le corps social. Il constatera peut-être qu'il est bien peu de phénomènes dans la vie d'une nation où l'on ne sente le contre-coup d'une erreur pédagogique.

De telles erreurs sont d'autant plus funestes aujourd'hui, que la concurrence vitale est sans cesse plus âpre entre les peuples civilisés. Toute infériorité devient un péril et une cause de souffrances ; les frontières et les douanes ne nous protègent plus contre les conséquences de nos bévues. Ce n'est plus seulement dans les choses de la guerre que le progrès est la loi des temps nouveaux, et qu'il faut sous peine de mort marcher avec son siècle. D'ailleurs il se peut que le progrès soit contestable en tant que progrès, sans être pour cela moins nécessaire en tant que moyen de lutter. Quelques-uns disent que l'armement universel est un retour à la barbarie, mais ils n'en méconnaissent pas l'obligation.

Peut-être découvrirons-nous que le combat pour l'existence nous impose des sacrifices douloureux en fait d'instruction publique. Telle ne sera pas la conclusion de ce livre; encore est-il bon de se dire d'avance qu'en présence de certains dangers un regret n'est pas une raison.

Nous traversons une époque de transition; le triomphe de la démocratie nous fait un devoir de soumettre à une discussion nouvelle les vérités que nos pères estimaient hors d'atteinte. Le cours des révolutions transforme certains principes en préjugés, certains dogmes en superstitions. Presque toutes les démonstrations sont à refaire; beaucoup ne sont plus que des sophismes, après avoir été convaincantes, et même justes. En revanche certains paradoxes ont mûri et vont prendre place dans le trésor du sens commun. Les nations changent comme les individus, plus lentement peut-être, mais aussi plus complètement. Nos idées personnelles, nos goûts, nos besoins se modifient insensiblement, sans que nous y prenions garde, jusqu'à ce qu'un incident imprévu nous force à nous replier sur nous-mêmes, et à découvrir en nous des ruines inaperçues, ou des richesses inconsciemment amassées. Nous n'aimons plus ce que nous croyions aimer ; nous ne redoutons plus ce que nous croyions redouter. Nous nous détachons sans effort de ce qui semblait nous tenir au cœur ; nous ne pouvons plus nous passer de ce qui nous semblait indifférent.

Il en est de même pour un peuple qui vient de traverser une grande révolution, subite ou graduelle. Ses institutions n'ont plus d'assiette. Quelques-unes restent debout comme des pans de mur après un tremblement de terre, par la force de l'habitude, en dépit des lois de l'équilibre et de la pesanteur, jusqu'à ce qu'un coup de vent les abatte, ou qu'on les démolisse par prudence. Elles peuvent avoir conservé leurs proportions extérieures, leur aspect imposant, mais elles sont minées ; c'est folie de s'y abriter. Il faut donc, au lendemain de chaque secousse, sonder partout le sol, éprouver la solidité des édifices, sacrifier ceux qu'aucune réparation ne peut adapter à l'usage des générations nouvelles, déserter ceux qui ont cessé d'être habitables, et ne servent plus que de décor.

Certes il ne faut pas détruire aveuglément. Tout ce qui est vieux n'est pas décrépit : quoi qu'en pense l'étourderie révolutionnaire, tout ce qui est vénérable n'est pas méprisable. Mais on ne doit plus accepter les legs du passé que sous bénéfice d'examen; la tradition n'est plus un titre suffisant. L'Université ne saurait échapper à cette loi. Elle doit justifier, devant la démocratie contemporaine, non seulement ses programmes et ses méthodes, mais son essence même et son objet.

On aurait tort de s'en rapporter à l'opinion publique, renouvelée par les événements, du soin d'instruire à elle seule ce procès. La démocratie n'a pas toujours un sentiment net de ses besoins et de ses intérêts. Tantôt elle démolit, les yeux fermés, les institutions qu'elle trouve debout; tantôt elle ne songe qu'à s'y installer sans même les transformer à sa mesure, comme les premiers conquérants barbares se sont installés dans les palais et drapés dans la pourpre des empereurs. Soit paresse d'esprit, soit orgueil de parvenu, le vainqueur se prend aisément pour un simple héritier.

L'Université doit-elle conserver sous le nouveau régime le même caractère que dans une société où régnait l'aristocratie de la naissance

ou l'aristocratie de l'argent? L'école primaire est
devenue gratuite; on réclame aussi la gratuité
de l'enseignement secondaire, qui sans cesse
coûte plus d'argent à l'État, et se distribue à un
plus grand nombre de jeunes Français. Il est
donc de plus en plus nécessaire d'examiner si cet
argent est bien employé, si ces jeunes Français
reçoivent un bienfait véritable. Sous le nom flat-
teur de sélection, il se pourrait que le collège
levât sur l'adolescence une sorte de conscription
doublement onéreuse, et pour les contribuables,
et pour les générations qui la subissent. Qu'on
augmente les impôts pour accroître la force productive de la nation, cela se conçoit à la rigueur :
mais si c'était pour la diminuer? Si l'on fabriquait à grands frais des légions d'inutiles et
de brouillons? Si nous devenions les imitateurs
de la Chine, sous couleur de progrès démocratique? Il est temps de se poser cette question et
d'y répondre sans se payer de mots. Un enseignement mauvais ferait aujourd'hui plus de
victimes qu'autrefois, et des victimes plus inno-
centes, car la volonté des parents influe de
moins en moins sur la vocation des enfants,
et le pouvoir se charge de notre destinée avec

un redoublement de présomption et d'autorité.

Le sentiment de ce péril excusera, je l'espère, la franchise de mes critiques et de mes conclusions. Peut-être sera-t-on choqué de voir un élève et un ancien fonctionnaire de l'Université lever une main hardie contre le sanctuaire ; les dévots crieront au sacrilège, m'accuseront tout au moins d'ingratitude. Il n'y a qu'un moyen de se défendre contre ce reproche : c'est d'avoir raison. Nous devons à notre pays la vérité : aucune dette n'est plus sacrée ni plus pressante. Je ne suis pas assez barbare pour méconnaître la splendeur des lettres antiques et le charme exquis du commerce des Muses grecques et latines. Moi aussi, je prendrais plaisir à célébrer les bienfaits de l'éducation classique, à joindre ma voix au chœur des disciples qui chantent ces maîtres immortels de l'art d'écrire et de l'art de penser. Mais le culte du beau ne doit pas nous faire négliger la culture de l'utile. Peut-être aussi est-ce rendre aux Muses un hommage plus délicat que de ne point pousser dans leur temple une foule trop nombreuse pour n'être pas un peu profane. Que ceux-là me blâment qui n'ont jamais souffert à la vue de cette multitude d'indifférents et d'ennuyés que les lois et la mode contraignent a défiler devant l'autel.

D'ailleurs l'écrivain qui s'est voué à la discussion des problèmes politiques ne choisit librement ni la matière qu'il traite ni la thèse qu'il soutient. Spectateur ému des luttes et des fautes de ses concitoyens, observateur inquiet des signes du temps et des points noirs de l'horizon national, il ne cède ni au caprice de son imagination, ni aux attraits d'un sujet séduisant. Il obéit comme une vigie à une consigne intérieure qui ne lui permet point de taire le péril dont il est le plus frappé ; esclave d'un devoir, qui pour être volontaire n'en est pas moins impérieux, voir un écueil et le signaler sont pour lui même chose. Dès qu'il a cru découvrir une vérité nouvelle, ou trop contestée, ou mal appliquée, il ne peut plus en détourner son attention. Tout ce qu'il voit, tout ce qu'il entend l'y ramène, lui souffle des arguments, lui suggère des raisons de parler. Chaque événement, chaque débat parlementaire, chaque polémique de presse est pour lui une sommation. Il se fait dans son esprit un travail incessant et inconscient pareil à celui que Stendhal appelle une cristallisation. L'idée germe, grandit, l'obsède, devient livre dans sa tête, avant qu'il ait pris la plume.

Dans la langue des Pères de l'Église, annoncer la vérité, c'est délivrer son âme. Quiconque aime fortement son Dieu, son pays ou son drapeau, dira que ce n'est pas là une simple métaphore.

CHAPITRE II

TOUTE-PUISSANCE DE L'ÉTAT

Ne nous y trompons pas ; les questions d'enseignement secondaire ne sont pas seulement des questions de pédagogie : ce sont aussi des questions de politique. L'État, en France, a mis la main sur l'instruction publique, comme sur toutes choses. Il tient boutique de grec et de latin, de science et d'histoire ; il en vend, ce qui n'est pas très généreux ; il en donne, ce qui n'est sage que si ses dons sont à la fois utiles et bien placés. S'il ne s'arroge pas le monopole de cette noble denrée, comme de la poudre et du tabac, il en règle du moins la fabrication et l'écoulement. Il impose à ses concurrents les programmes qui lui plaisent, car c'est lui qui distribue les diplômes, et il fait des diplômes un passeport indispensable, une clef sans laquelle un très grand nombre de carrières restent fermées. Nul n'est obligé d'être bachelier, mais celui qui n'est pas bachelier n'a le droit ni d'entrer dans une administration, ni d'exercer la profession d'avocat ou celle de docteur en médecine. C'est l'État qui juge si la connaissance des langues mortes est nécessaire pour formuler une ordonnance ; il y a des praticiens qui ne pourront jamais accomplir une opération chirurgicale, parce qu'ils ont été jadis incapables d'appliquer congrûment les règles de la syntaxe latine.

Si le Gouvernement se décidait à n'exiger des fonctionnaires publics et des personnes qui exercent certaines professions privées que des garanties de compétence et de capacité, s'il se résignait à n'être pas plus vétilleux dans le choix des expéditionnaires que dans le choix des ministres, il resterait encore maître de l'enseignement parce qu'il défie toute concurrence. Il a pour lui le budget, sans compter les édifices scolaires. Il peut former des maîtres à loisir et les rétribuer à son gré. On ne lui demande pas de payer le loyer des bâtiments qu'il occupe, ni de proportionner la dépense de ses établissements à leurs recettes. On l'exhorte quelquefois à l'économie, mais à condition qu'il conserve la vogue. Si ses rivaux le battaient, on n'en conclurait pas qu'ils font mieux que lui, ou qu'ils satisfont plus exactement aux besoins du public, mais que la patrie est en danger, et qu'il y a encore trop de liberté en France. D'ailleurs l'État n'a qu'un rival sérieux, l'Église, et l'on ne doit pas craindre que l'Église donne avec excès dans les nouveautés. Elle s'efforce de dominer l'État ; si elle n'y réussit pas, elle le suivra. Elle distribuera peut-être son enseignement dans un autre esprit, mais ce sera le même enseignement. Elle n'aura pas besoin pour cela de se faire violence, tant que l'État restera fidèle aux traditions de l'ancien régime, qui sont des traditions ecclésiastiques.

Enfin l'État prend, sur le produit des impôts, de quoi octroyer des bourses qui lui procurent artificiellement un surcroît d'élèves. La gratuité absolue de l'instruction secondaire n'est réclamée que par un parti qui n'est pas encore triomphant, mais on peut remarquer chez les hommes politiques à la mode une tendance décidée à grossir le chiffre des bourses, pour appeler toute l'élite de la jeunesse pauvre au bienfait de l'éducation classique. Le jour où notre budget aura repris son élasticité perdue, peut-être même auparavant, les portes des lycées et des collèges seront ouvertes toutes grandes aux enfants que leur intelligence précoce ou l'influence de leur famille désigneront à la bienveillance du pouvoir.

Si l'action de l'État est presque irrésistible, il faut avouer que les familles ne songent pas à résister. Elles abdiquent le plus vite et le plus complètement possible en faveur de l'Université. C'est presque un acte de hardiesse de livrer un enfant au clergé, mais dans ce cas l'abdication est encore plus complète, car le clergé exerce sur les âmes tendres un empire bien plus absolu. Les pères ne surveillent guère l'éducation de leurs fils ; ils n'en ont peut-être pas le moyen ; assurément ils n'en ont pas la volonté. L'institution de l'internat trahit et achève cette désertion. A peine a-t-on le temps de jeter un coup d'œil plus ou moins distrait sur les notes du collégien ; s'il remporte des prix, on le félicite ; s'il est mal placé, on le gronde doucement. Mais combien trouverait-on de Français, je dis dans les classes éclairées, qui se soient formé une opinion quelconque, fondée ou non, sur les études qui conviennent à leurs héritiers? Ecoutez un père qui gronde un fils négligent. De quoi lui parlera-t-il? Lui vantera-t-il l'utilité des travaux scolaires et des connaissances inscrites au programme, la beauté des lettres grecques et latines, les plaisirs exquis que procure la fréquentation des grands écrivains du passé? Va-t-il expliquer à cet adolescent comment la culture des langues mortes et des sciences fera de lui un homme complet et un esprit distingué? C'est bien de cela qu'il s'agit! Il faut faire comme les autres et faire mieux, marcher à la tête de la classe, j'allais dire du troupeau. Il faut prendre l'habitude du travail, quelques fruits qu'il doive porter. Il faut être au moins bachelier, pour faire figure ou pour faire son chemin. Les succès de collège sont la joie et l'orgueil de l'âge mûr; on n'ajoute pas que les notions acquises au collège offrent le même avantage, ni que la possession du latin ait une valeur indépendante des prix de thème, de version et de discours.

Que le programme officiel soit bouleversé de fond en comble, les parents n'auront pas un mot à changer à leurs exhortations. Lettres ou sciences, langues vivantes ou langues mortes, histoire ou mathématiques, c'est toujours une occasion de conquérir des couronnes ou des diplômes, de mériter l'estime et l'affection des maîtres, et rien de plus. Sauf les professeurs, où est le père qui a conservé ses livres de classe, ou qui les a renouvelés, qui s'enferme pour les relire, qui montre par son propre exemple qu'un lien étroit rattache la pensée de l'homme fait aux études de l'adolescent? On dit bien que le collège est l'apprentissage de la vie, mais comment? Par la discipline et la contrainte, par le frottement et la camaraderie, par l'émulation et les récompenses, non par les études elles-mêmes.

Il semble que le lycéen soit déjà un soldat et un fonctionnaire. Il suit un règlement; il porte l'uniforme; il fait partie de la grande machine dont le ministre est le mécanicien ; il obéit sans comprendre l'utilité de ses efforts. Son intelligence se meut dans les limites de la consigne: il fait l'exercice avec son cerveau. On l'habitue à rester en étude ou en classe comme un employé au bureau, moins encore pour accomplir une tâche que pour faire acte de présence, à tuer le temps par les formalités, les paperasseries, à faire passer la lettre avant l'esprit, la forme avant le fond, à craindre les inspecteurs. Le lycée tient à la fois de la caserne et du ministère, de la caserne pour la vie du corps, du ministère pour la vie de l'esprit. La tradition y règne, auguste, redoutable, inexpliquée. On y suit docilement des principes fixes, qui pourraient bien être absurdes, puisqu'on ne les discute pas. Le latin y devient l'objet propre des études, comme les règlements deviennent l'objet propre de l'administration, abstraction faite de l'intérêt de l'enfant dans un cas, de l'intérêt du pays dans l'autre.

C'est sur l'enseignement secondaire que l'État exerce la domination la plus absolue. L'enseignement primaire dépend surtout de la nature des choses : on ne peut rien mettre à la place de la lecture, de l'écriture et du calcul. L'instruction supérieure, qui, chez nous, est presque entièrement professionnelle, est toujours un peu subordonnée aux besoins de la profession que l'on vise. Il faut bien qu'on commence par défricher le sol, et qu'on finisse par semer ce qu'on veut récolter. Mais les études classiques sont comme un engrais intellectuel, arbitrairement choisi, composé, dosé par le souverain, sans égard à la diversité des cultures, à la qualité des terrains, sans qu'une expérience sérieuse et comparée ait prouvé l'utilité habituelle de cette méthode obligatoire. Bel exemple d'agronomie routinière proscrivant doublement le progrès, par le respect de la tradition élevé à la hauteur d'un sentiment religieux, et par la recherche de l'uniformité poussée jusqu'à la précision mécanique de la discipline militaire.

Nos hommes d'État portent assez gaiement le fardeau de cette responsabilité. Sur une douzaine de ministres qui ont gouverné l'Université depuis quinze ans, combien ont été choisis pour leur compétence ? Mais qui les aurait choisis ? Le portefeuille qui contient, à ce qu'on dit, l'avenir de la France se donne comme la plupart des portefeuilles : c'est l'appoint d'une combinaison, le prix d'une victoire, la récompense d'un ordre du jour ou d'une harangue parfaitement étrangère aux questions pédagogiques. Sur ces questions même les Chambres ont sans doute des préjugés, comme le gros de la nation ; elles n'ont pas d'opinions réfléchies et éprouvées, car elles n'en ont jamais abordé de près la discussion. Ce qui les intéresse en cette matière, ce sont les personnes et non les choses. Elles ont conscience de leur incompétence, mais elles se garderaient bien de tirer de cette incompétence une conclusion logique, et de livrer l'enseignement aux libres efforts des particuliers et des corporations. Les particuliers ne feraient rien, les seules corporations qui existent sont hostiles à l'esprit moderne. On ne peut ni supprimer un chapitre aussi essentiel du budget national, ni fermer les lycées et les collèges, ni les abandonner à l'anarchie. Cela aurait l'air d'une banqueroute.

Ceux qui souhaitent des réformes doivent donc s'adresser à l'État, le presser de les accomplir et au besoin, de les imposer, puisqu'il tient de toutes façons la jeunesse dans sa main. Les questions d'enseignement ne seront peut-être pas toujours politiques ; elles le sont aujourd'hui autant que les questions religieuses dans les pays où il existe une religion d'État. Encore une religion peut-elle se soutenir par elle-même. Elle obtient de ses fidèles quelques sacrifices ; elle possède une organisation indépendante ; l'affranchir, ce n'est pas la tuer. L'enseignement secondaire, en France, n'a point de vie propre. L'Université a

étouffé la concurrence, mais elle ne s'est pas as-
suré le moyen de rester debout si l'appui du
pouvoir venait à lui manquer. Elle ne forme ni une
corporation, ni une collection de corps pourvus
de tous les organes nécessaires. C'est une administration, qui renferme dans ses cadres un très
grand nombre d'esprits distingués et de carac·
tères généreux, mais qui a été vouée de tous
temps à la soumission et à la discipline. On pourrait la comparer à un navire bien aménagé, monté
par un excellent équipage, mais construit pour
être remorqué : il ne s'y trouve ni gouvernail, ni
voilure, ni machine.

CHAPITRE III

LES ORIGINES

Si, par un miracle tout à fait invraisemblable,
un peuple venait à naître sans traditions ni préjugés, et que ses chefs eussent à choisir un programme d'instruction secondaire, on peut affir-
mer que leurs délibérations aboutiraient à un
résultat bien différent de ce que nous voyons.
Mais, sauf les Japonais, qui viennent d'entrer subitement dans le cercle de la civilisation moderne,
au sortir d'un régime tout féodal, après tant de
siècles d'isolement, il n'est point de nation qui
réalise une hypothèse aussi hardie. Les Australiens sont des Anglais émigrés, les Américains
du Nord des Anglais séparés, les Américains du

Sud des Espagnols affranchis et des Indiens li-
bérés. Partout le passé pèse sur le présent;
partout l'idée de conservation et l'idée de progrès
soutiennent une lutte nécessaire et féconde ; partout le législateur est tenté d'imposer aux générations nouvelles l'idéal qui a présidé à sa propre
éducation. Dans la plupart des industries, l'inflexible loi de la concurrence assure au progrès
une supériorité décidée sur la résistance : la vérité donne la richesse, l'erreur est ruineuse. En
politique, on dispute sans fin sur les principes;
les partis se suivent au pouvoir par une sorte
d'oscillation régulière et, si les peuples avancent,
c'est en suivant une ligne brisée. Dans les questions d'éducation, au contraire, les forces conser-
vatrices ont l'avantage, parce qu'il est aussi difficile d'accomplir des changements que d'en prouver la nécessité. Les intéressés sont des enfants
qu'on ne consulte guère; les hommes les plus
compétents sont naturellement favorables à un
système qui leur a permis de faire éclater leur
mérite. L'influence des mauvaises méthodes sur
la marche générale des affaires ne se fait sentir
que d'une manière indirecte et obscure. Les mécontents ont peu d'autorité; s'ils rejettent leurs

défauts et leurs échecs sur l'enseignement qu'on leur a donné, on se sert de ces défauts et de ces échecs pour contester la valeur de leur témoignage.

Si l'enseignement était une libre industrie, il varierait selon les besoins ou la mode. Si l'idée de l'utile présidait à la rédaction des programmes, les programmes changeraient assez souvent, car les besoins d'une génération ne sont pas ceux de la génération précédente. La révolution économique à laquelle nous assistons est aussi féconde que la révolution politique de la fin du XVIIIe siècle, et la vapeur remue le monde autant que les principes de 89. Il serait étrange qu'un si rapide essor de l'industrie et du commerce ne produisît aucun changement dans nos systèmes d'éducation, si nous nous préoccupions surtout de l'utile. Mais c'est l'idée du beau qui nous domine, et le beau ne varie guère. On se plaît à dire qu'il est éternel, et il est vrai qu'Homère ne vieillit point, que Phidias n'est point passé de mode. Mais l'admiration des chefs-d'œuvre les moins périssables ne nous empêche pas de nous demander si l'admiration doit être le principe et le but de l'instruction publique, et si les méthodes actuellement suivies conduisent à ce but la majorité de nos élèves.

Sans doute les conservateurs ne manquent pas d'arguments pour soutenir que le culte du beau est fort utile. On se lasserait vite des études prétendues désintéressées, si l'on ne se flattait de prouver qu'elles ne sont pas si désintéressées qu'elles en ont l'air. Les avocats de la tradition ne craignent pas de se contredire. Tantôt ils essaient d'établir que l'éducation classique est noble parce qu'elle est inutile, et tantôt qu'elle est utile parce qu'elle est noble. Leur argumentation se modifie selon qu'ils veulent démontrer l'excellence de leur système pour les hommes de loisir ou pour les hommes de labeur, selon qu'ils veulent représenter la connaissance des lettres anciennes comme une parure de l'esprit ou comme un outil universel. C'est le destin des institutions les plus stables qu'elles reposent sur des fondements mobiles ; leur existence est justifiée d'âge en âge par des raisons nouvelles ; pour éviter de les rajeunir, on rajeunit leurs titres. Les apologistes chrétiens du xixe siècle feraient sourire leurs devanciers du temps des Césars, et peut-être les feraient pleurer. Les ancêtres de l'Université seraient au moins étonnés s'ils pouvaient lire les plaidoyers par lesquels on défend leur héritage. Rien n'est plus raide que la routine, mais rien n'est plus souple que la logique de la routine.

Ce n'est pas du moyen âge, c'est de la Renaissance que date notre système d'éducation littéraire. Au moyen âge on ignorait le grec; on parlait et on écrivait le latin, on le savait mal. C'était encore, du moins pour les clercs, une langue vivante, partant fort corrompue. Quant aux jeunes nobles, on les élevait pour la guerre et la chevalerie, on développait en eux la force et le courage plus que l'esprit. L'école des futurs seigneurs, c'était la cour du suzerain, le château d'un seigneur puissant et renommé. Les pages n'étaient pas condamnés à subir la discipline des théologiens ; on ne croyait pas qu'un soldat dût être formé comme un moine ou un légiste. On estimait encore, dans ces siècles d'ignorance, que la meilleure façon de se préparer à un métier n'est pas d'en apprendre un autre, que pour bien vivre dans le monde il n'est que d'y avoir vécu de bonne heure. Ce n'est pas que la noblesse fût pour cela livrée au culte grossier de la matière; elle avait aussi son idéal, sa poésie, ses héros. Mais c'étaient un idéal chevaleresque, une poésie guerrière ou galante, des héros épiques. La chanson de Roland et les romans de la Table-Ronde enseignaient mieux que les discours de Cicéron à frapper de grands coups, à mettre l'honneur au-dessus de la vie, à mourir pour son Dieu, pour sa dame ou pour son serment. Sans doute aussi les artisans grandissaient dans l'atelier, les marchands au comptoir, comme les clercs dans l'école ; ce n'était pas la culture qu'on recherchait, mais l'apprentissage.

Le moyen âge a eu sa grandeur comme sa décadence. En laissant de côté les serfs, qui demeuraient en dehors de la société féodale, et qui apparemment ne gémissaient pas sous un joug plus dur que les esclaves de l'antiquité, on peut dire qu'au xiii° siècle il y avait, en Occident, plus de liberté qu'il n'y en eut trois ou quatre cents ans plus tard. Le triomphe de la royauté et l'établissement du despotisme en France et en Espagne furent dus en partie au concours des légistes, restaurateurs et champions du droit romain.

Il est permis de trouver funeste l'influence

des légistes, ces précurseurs d'une nouvelle conquête latine. Les communes de Flandre, les villes du Rhin et de la Hanse, les républiques d'Italie ont possédé une civilisation originale et brillante bien avant la Renaissance; il ne paraît pas que les peuples soient devenus plus libres, plus riches ni plus heureux, à mesure que les grammairiens s'emparaient de la jeunesse. Même le progrès des arts, en Flandre et en Italie, devança l'invasion des lettres grecques et romaines. On n'a pas prouvé que les peintres de génie doivent rien à l'érudition. Florence était féconde. en chefs-d'œuvre avant que Laurent de Médicis présidât à la résurrection de la philosophie platonicienne; Giotto n'a pas attendu Politien.

C'est au xvie siècle que fut organisé l'enseignement classique tel que nous l'avons conservé, que le latin devint la base de l'éducation libérale. Rien de plus légitime à cette date. Les hommes étaient éblouis des splendeurs qu'on venait de leur révéler. La fièvre du savoir s'empara de tous ceux qui aspiraient à tenir un rang honorable dans la société, des gentilshommes comme des clercs, des courtisans comme des légistes. Or cette soif ne pouvait s'étancher qu'à une seule source. Mais laissons parler un maître, écoutons Macaulay :

« Au temps d'Henri VIII et d'Edouard VI, une
» personne qui ne lisait pas le grec et le latin ne
» pouvait rien lire, ou presque rien. L'italien
» était la seule langue moderne qui possédât
» quelque chose qu'on pût appeler une littérature.
» Tous les livres de valeur existant alors dans
» les dialectes nationaux de l'Europe auraient à
» peine rempli un seul rayon. L'Angleterre ne
» possédait pas encore les pièces de Shakespeare
» et la *Reine des Fées*, ni la France les *Essais*
» de Montaigne, ni l'Espagne *Don Quichotte*. En
» examinant une bibliothèque bien meublée,
» combien trouverions-nous de livres anglais et
» français qui eussent paru quand Jane Gray et
» la reine Elisabeth recevaient leur éducation?
» Chaucer, Gower, Froissart, Comines, Rabe-
» lais, complètent presque la liste. Il était donc
» absolument nécessaire qu'une femme fût dé-
» pourvue d'éducation ou reçût une éducation
» classique. A vrai dire, sans la connaissance
» d'une langue ancienne, on ne pouvait avoir au-
» cune notion claire de ce qui se passait dans le
» monde politique, littéraire et religieux. Le la-

» tin était au xvi° siècle ce que le français était
» au xviii°, et quelque chose de plus. C'était la
» langue des cours aussi bien que des écoles.
» C'était la langue de la diplomatie, c'était la
» langue de la controverse théologique et poli-
» tique. Comme il était fixé, tandis que les lan-
» gues vivantes étaient flottantes, comme il était
» universellement connu de tous les gens ins-
» truits et de tous les gens cultivés, il était em-
» ployé par presque tous les écrivains qui aspi-
» raient à une réputation étendue et durable. Ce-
» lui qui l'ignorait était exclu de toute familia-
» rité, non-seulement avec Cicéron et Virgile,
» non seulement avec les lourds traités de droit
» canon et de théologie scolastique, mais avec
» ce qu'il y avait de plus intéressant dans les
» mémoires, les papiers d'Etat, les pamphlets de
» son temps, avec les poésies les plus admirées et
» les satires les plus populaires qui parussent sur
» les sujets du jour, avec les vers louangeurs de
» Buchanan, les dialogues d'Erasme, les épîtres
» de Hutten. »

En France plus qu'ailleurs, les écrivains modernes, même quand ils se servaient de leur
langue naturelle, étaient tellement imprégnés de

latin et de grec, qu'il était bien difficile de les
comprendre sans la connaissance des langues
anciennes. La littérature nationale oublia ses
origines, se mit au collège, fit ses humanités.
Villon et Marot sont bien français : leur vocabulaire a pu vieillir ; il ne fut jamais étranger ;
celui de Ronsard fut tout d'abord inintelligible
à qui ne pouvait lire Homère et Virgile dans le
texte. Notre poésie se jetait dans l'imitation,
faisait des devoirs plutôt que des œuvres. Elle se
donnait pour but non de peindre ni d'émouvoir,
mais de reproduire les anciens. On se demande
parfois si le sauvageon n'eût pas donné sans cette
greffe à outrance des fruits plus beaux et plus
variés : plus siens à coup sûr. Les Romains ont
conquis deux fois la Gaule ; avec César, ils nous
imposèrent leurs lois et leur langue ; au seizième
siècle, leur goût. Nous luttions, un peu gauches,
mais jeunes et vaillants, contre la pauvreté,
quand nous vint tout à coup un gros héritage,
avec des traditions, des devoirs, des chaînes, et
je ne sais quel air emprunté. Le divin Montaigne,
avec ses citations continuelles, assortit sans
cesse les fleurs fraîches aux fleurs fanées. On
dirait qu'il demande pardon aux pédants de si

bien penser par lui-même. Mais gardons-nous de médire de Montaigne. Nous serions peut-être tombés dans la dévotion espagnole et la servitude intellectuelle, si nous n'avions eu de bonne heure un si libre esprit parmi nos classiques. Rabelais et lui ont fait surnager l'esprit français, l'ont empêché de se noyer dans le bourbier théologique du dix-septième siècle. Otez Pantagruel et les Essais, le Tartuffe n'eût jamais été joué, ni écrit, ni même conçu en pays catholique. Mais revenons à nos enfants.

Le seizième siècle se ruait dans l'étude de l'antiquité avec une fougue merveilleuse et non sans désordre. Pour que le latin devînt la base immuable de toute éducation honnête, il fallait que la mode fût fixée par une corporation vivace et solidement attachée à ses règles. L'ancienne Université était surtout une école de clercs ; ce sont les Jésuites qui ont fondé chez nous et organisé l'enseignement secondaire, parce qu'ils ont attiré dans leurs collèges les enfants de la noblesse et de la bourgeoisie. C'était justice. Ils inventèrent de bonne heure l'éducation élégante aussi bien que la dévotion aisée. Leur avènement fut un progrès véritable ; leurs ennemis même leur rendaient hommage ; Bacon, qui n'était ni un papiste, ni un adorateur du passé, déclare qu'on ne saurait faire mieux que de les imiter. Ils avaient l'instinct de la pédagogie et le goût du beau, de la beauté classique, régulière, traditionnelle. Ils ne cherchaient pas à produire des savants, des novateurs, des inventeurs, mais des esprits cultivés, ornés, polis ; ils y réussirent. Ils pratiquaient fort bien cette maxime, qu'il faut avant tout faire des hommes, des hommes à leur façon, cela s'entend. Leurs rivaux et leurs détracteurs ne prétendaient pas plus qu'eux encourager la liberté de penser. Si les jansénistes, excellents maîtres d'ailleurs, insistaient davantage sur la logique, tandis que les Jésuites donnaient plus à la rhétorique, la logique de Port-Royal ne brille pas par la hardiesse ; la philosophie du grand Arnauld n'est pas moins que celle de saint Thomas la servante de la théologie. Racine, élève de Port-Royal, n'est assurément pas un plus libre esprit que Molière, élève des Jésuites ; il est vrai que Molière sut s'affranchir.

Le grand défaut des Jésuites, c'est la haine de la nouveauté ; leur grand crime est d'avoir fondé une tradition. Ils commencèrent par amé-

liorer la culture des esprits, puis ils s'opposèrent
à toute amélioration ultérieure. Sous leur empire
on fit un pas en avant, et l'on s'arrêta court. Le
monde marchait autour d'eux, tandis qu'ils demeuraient immobiles. Ils enseignaient sous
Louis XV comme sous Louis XIII ; ils s'efforcent
encore aujourd'hui de maintenir la jeunesse dans
la vieille ornière. Au fond, plus d'un libéral de
nos jours est de leur avis. S'il est vrai que l'étude
de l'antiquité doive être la base éternelle de l'é-
ducation, les critiques les plus acerbes ne visent
qu'à perfectionner leur méthode. Qu'on supprime
le vers latin, qu'on réduise la part du thème et
du discours, qu'on remplace en partie le commentaire admiratif par le commentaire philologique, ce sont des détails. L'essentiel est toujours,
à ce qu'il semble, de mettre les modernes à l'école
des anciens, et d'élever tous les Français comme
s'ils devaient être gens de lettres ou gens de loi.
L'homme du monde, tel qu'on s'obstine à le
concevoir, c'est l'honnête homme du dix-septième
siècle, pensant bien, parlant bien, l'esprit meublé
de belles connaissances, capable de goûter et de
juger un livre ou un tableau, de faire au besoin de
la prose et des vers, demi-avocat, demi-écrivain.

Rien de plus naturel sous l'ancien régime.
Qu'avaient à former les Jésuites? Des Jésuites
d'abord, puis des courtisans et des légistes. La
noblesse d'alors n'a besoin que de plaire et de
se battre. La bonne bourgeoisie ne se compose
ni d'agriculteurs, ni de commerçants, ni d'industriels ; elle se compose de robins et d'enrichis
qui destinent leurs fils à la robe. Qu'est-ce que
le tiers état avant la révolution? C'est la robe,
à laquelle se mêle un peu la plume dans les derniers temps. Ce qu'on appelle la Ville, par opposition à la Cour, c'est le Parlement, et tout ce qui
tient au Parlement. Croyez-vous qu'on apprît le
latin pour labourer la terre ou pour auner de
la toile? Est-ce que M. Jourdain a fait ses classes?
Quiconque entrait au collège devait porter l'é-
pée, ou quêter un bénéfice, ou acheter une charge.
Dans la société française, telle que l'ont faite nos
rois, il n'y a pas de place pour le travail produc-
tif. Tout ce qui n'est pas gentilhomme, prêtre,
juge, avocat ou commis, ne compte pas. Excep-
terons-nous les financiers? Ils viennent de l'an-
tichambre et vont à la Cour, en passant par le
prétoire s'ils sont modestes, de plein saut s'ils
ont tout à fait réussi. Turcaret a été laquais ; s'il

ne bronchait en route, il achèterait à son fils un marquisat.

Au dix-septième siècle, l'éducation donnée par les Jésuites, ou par leurs rivaux et leurs imitateurs, est donc une éducation utile, pratique, osons employer un mot tout moderne, professionnelle. Le courtisan, raffiné par le commerce des chefs-d'œuvre classiques, sera par dessus tout un homme de goût, et la petite noblesse prendra modèle sur la Cour. L'ecclésiastique vit de latin. Comme le droit français n'est pas encore démailloté du droit romain, les juges, les avocats, les procureurs passent leur existence entre Cicéron et Papinien. Nous allions oublier les médecins : mais ils ne parlaient pas encore français. Peut-être les bons Pères, s'ils avaient éprouvé le besoin de se créer une clientèle de banquiers, de marchands et de laboureurs, auraient-ils enseigné la banque, le négoce et la culture. Mais ils ne pouvaient y songer; ils ne visaient que les classes dirigeantes.

Les philosophes du dix-huitième siècle, qui ont touché à tant de choses, devaient s'occuper de l'éducation, et n'y manquèrent pas. Diderot et la Chalotais attaquèrent avec vivacité la tradition classique. Rousseau fit l'*Émile*. Mais que pouvaient des écrivains, eussent-ils du génie, contre la routine dominante? Ils formaient l'opinion publique : l'opinion publique ne régnait pas encore. Il y avait alors séparation absolue entre la théorie et la pratique, entre le gouvernement et les idées à la mode. « Le siècle de Louis XIV, dit » finement M. Compayré, est en général un siècle » de satisfaits; le siècle de Voltaire, un siècle de » mécontents. » Ces mécontents étaient impuissants. Les Jésuites supprimés, l'Université recueillit leurs dépouilles ; qu'y eut-il de changé?

La Révolution démolit tout et ne rebâtit rien, sinon en l'air. A l'égard de l'enseignement primaire, elle marqua le but, car les docteurs de la Révolution excellaient à exprimer des idées simples et à tracer des plans uniformes. Or rien n'est plus simple que de décréter l'obligation; rien n'est plus uniforme que le programme naturel des écoles primaires. Quant à l'enseignement secondaire, la loi du 3 brumaire an IV, celle qui créait les écoles centrales, n'aboutit qu'aux résultats les plus médiocres. Les langues anciennes étaient maintenues, mais n'obtenaient plus qu'une place dérisoire. L'étude des langues

vivantes était facultative ; en fait, on s'en passa.
La géographie n'est pas même nommée ; en
revanche les sciences prennent soudain une importance prépondérante. L'idéologie, sous le nom
de grammaire générale, possède à elle seule un
professeur, aussi bien que le grec et le latin réu-
nis. Mais pourquoi discuter une institution qui
n'a pas vécu, qui ne pouvait vivre ? Comme l'ancienne Université, comme la compagnie de Jésus,
la Révolution prétend jeter tous les esprits dans
un moule uniforme. Elle n'a aucune idée de la
diversité des besoins et des vocations. Elle veut
fabriquer le citoyen éclairé, comme on fabriquait
avant elle l'honnête homme, chrétien et sujet
fidèle. Elle ne se demande pas ce que souhaitent
les familles, ni ce qu'exige la situation du pays,
ni ce que peuvent faire les maîtres encore vivants ; elle se pose simplement cette question
abstraite : « Comment doit-on élever la jeunesse ? » Les hommes de ce temps tracent des
cadres en géomètres, et considèrent les écoliers
comme des unités toutes égales, toutes pareilles.
Ils ne savent pas qu'aucun idéal ne peut s'appliquer sur-le-champ, que les institutions sont des
organes et non des machines, qu'il y a une diffé-

rence entre le papier et la réalité, qu'il est plus facile, avec des lois et des décrets, de détruire que de créer.

Comme l'Université n'avait pas été remplacée, elle fut restaurée par Napoléon. Cet homme prodigieux plutôt que grand, qui joignait un génie dominateur à une rare étroitesse d'esprit, et dont l'œuvre est à démolir tout entière, ne pouvait manquer de reprendre là comme ailleurs les traditions de l'ancien régime dans ce qu'elles avaient de mauvais. Il n'admit ni variété ni liberté. Il fit des lycées et des collèges une collection de couvents où le tambour remplaçait la cloche. Il donna pour base à l'enseignement le latin et les mathématiques : le latin, parce que c'était l'habitude ; les mathématiques, parce qu'il était officier d'artillerie. Le monde moderne était inconnu à ce disciple des anciens. Comme il rapportait tout à lui-même, il ne demandait aux éducateurs de la jeunesse que de lui procurer des soldats pour gagner ses batailles, des fonctionnaires pour appliquer ses volontés, quelques écrivains et quelques artistes pour célébrer sa gloire. Le reste n'était à ses yeux qu'un vil ramas de sujets, administrés, contribuables, justiciables, un troupeau à paître et à tondre, ses peuples. Louis XIV ne fut ni plus absolu, ni plus égoïste, ni plus incapable de deviner l'avenir. Mais Louis XIV était de son temps ; Napoléon fut un César égaré à dix-sept siècles de sa génération, la grande pierre d'achoppement de la civilisation, une digue de granit jetée soudain par l'ironie de la Fortune en travers du courant de l'histoire, et que soixante-dix ans ont à peine ébranlée : tout progrès consiste à donner un coup de pic dans ce bloc malfaisant.

CHAPITRE IV

L'ÉVOLUTION ÉCONOMIQUE

Les grandes révolutions n'ont point de date. Pendant que les nations font et défont leurs lois, élèvent et renversent à grand fracas leurs gouvernements, les sociétés se transforment en silence. Les idées nouvelles, les croyances qui s'infiltrent, les découvertes de la science et de l'industrie modifient le climat moral des peuples ; les rapports des hommes entre eux, la somme de bonheur départie à notre espèce, en bouleversent la distribution. C'est ainsi que le travail des eaux dénude les montagnes, comble des vallées, dépose des deltas, tandis que d'autres forces géologiques soulèvent ou abaissent les continents.

C'est ainsi que les polypes construisent des îles, que les vagues délayent des côtes, que les dunes ensevelissent des rivages. L'atome d'air, la goutte d'eau, le grain de sable, l'animalcule invisible font plus de besogne que les volcans et les tremblements de terre. Sans doute il est des grands hommes qui exercent une influence réelle sur la marche des choses humaines. Il est des conquérants qui retardent le progrès; peut-être en est-il qui l'accélèrent. Les savants, les inventeurs, les découvreurs de terres inconnues nous font parfois franchir une étape d'un seul coup. Quoique leurs trouvailles soient le plus souvent préparées par le mouvement général des esprits et par les efforts d'une foule de chercheurs plus ou moins obscurs, le génie ou le hasard donnent un brusque élan. Mais le génie même ne fait que seconder ou manifester les révolutions qui s'accomplissent dans la profondeur des sociétés, et qui sont presque toujours irrésistibles et continues, en dépit des catastrophes et des réactions politiques.

Depuis un siècle environ nous assistons à une transformation plus radicale et plus universelle que les changements politiques dont la Révolution française a donné le signal. Depuis un siècle les peuples se rapprochent, et la richesse devient plus mobile. Ne craignons pas de nous arrêter ici quelques instants : nous sommes au cœur de notre sujet.

Le dix-neuvième siècle achève l'œuvre que le seizième avait commencée, la conquête du monde par les Européens. En 1789, l'Amérique anglo-saxonne était médiocrement peuplée, s'arrêtait non loin des côtes de l'Atlantique ; l'Amérique latine était une colonie cloîtrée. L'Afrique était inconnue en grande partie, ailleurs hostile. L'Asie n'était entamée que par l'Inde, que les Anglais avaient conquise plutôt qu'organisée, et par la Sibérie, un désert glacé. La Chine et le Japon demeuraient fermés ; l'Australie était inhabitée. Aujourd'hui il n'y a que bien peu de points sur ce globe où ne pénètrent les marchandises et les idées de l'Occident ; les nations rivales qui représentent la civilisation, se précipitent avec une émulation inquiète sur toutes les contrées qui restent à dominer ou à exploiter. L'Amérique est une seconde Europe, plus jeune et plus vaste. L'Afrique est percée presque en tous sens de routes où les voyageurs devancent les marchands ;

où les marchands précèdent les soldats et les colons. On voit naître au Cap et en Océanie comme au Canada des confédérations entières de peuples nouveaux. Le grand empire de l'Asie Orientale a ouvert ou laissé briser ses portes ; le Japon s'est rallié tout à coup. Comme l'Alexandre de l'antiquité, et bien plus justement qu'Alexandre, nous trouvons le monde trop petit.

Les émigrants d'autrefois étaient surtout des aventuriers, conquérants et chercheurs d'or, ou des déclassés, des criminels et des proscrits, qui allaient demander à une nouvelle patrie l'oubli de leur vie passée, une revanche des rigueurs de la fortune. Il fallait, pour quitter l'Europe, une âme de bronze ou de bonnes raisons de fuir. On avait à craindre les périls d'une longue traversée, les sauvages, la fièvre et la faim dans le désert ou dans les forêts vierges. Les pionniers étaient des héros ou des désespérés. Maintenant on va aux antipodes comme on change de canton. On est moins séduit par l'attrait du mystère et le rêve d'un eldorado, mais on sait qu'on entrera dans une société déjà florissante, puissante dès sa première heure, qu'on trouvera la terre à bon marché, ou du travail chèrement payé. Les émigrants de nos jours sont sollicités par des agences, guidés par une administration, éclairés par la presse et par les lettres de leurs devanciers. L'aventure n'est plus qu'une entreprise, souvent très sage et très prudente, dont les conditions et les chances peuvent être d'avance connues et calculées. L'Irlandais qui part pour l'Australie, le Saxon qui part pour l'Amérique, sont peut-être moins téméraires que le Provençal qui prend le train pour Paris, savent mieux ce qu'ils font, et comment ils gagneront de quoi vivre.

Si l'émigration est devenue plus facile, elle est aussi devenue plus nécessaire. La population s'accroît dans presque toute l'Europe avec une rapidité qui fait peur : la France seule, hélas ! fait exception. Les Iles Britanniques, l'Allemagne, l'Italie, la Belgique, la Suisse regorgent d'habitants ; les Russes emplissent leur vaste empire et débordent sur l'Asie. Les hommes ne se sentent plus attachés au sol ou au métier par l'éducation, l'habitude ou les lois ; les révolutions industrielles les obligent à chercher ailleurs le travail qui manque ici, et là surabonde. Les humbles ne se contentent plus de la condition de leur père, ne supportent plus, comme un arrêt de la Providence, la misère, la gêne, le pain noir, le climat glacé, l'orgueil des riches, les vexations du pouvoir, la lourdeur des impôts, l'étroitesse de l'horizon natal, l'immobilité dans la médiocrité. Chaque jour cette nouvelle migration des peuples devient plus active et plus générale. Les nations les plus sédentaires s'ébranlent. Après les Anglo-Irlandais, les Allemands se mettent en marche, puis les Scandinaves, les Italiens ; les Français eux-mêmes s'arracheront peut-être à leurs habitudes casanières. La grande invasion des barbares déplaça moins d'êtres humains.

Les marchandises sont encore bien plus mobiles que les hommes. Depuis l'invention de la navigation à vapeur et des chemins de fer, le prix des transports va sans cesse diminuant. Les produits les plus lourds et les plus encombrants font maintenant des voyages immenses. Nos pères allaient aux Indes acheter des épices ; nous allons y acheter du blé. Les laines viennent d'Australie ; les céréales, le coton, le pétrole viennent d'Amérique ; les houilles de la Grande-Bretagne vont partout. Nous engraissons nos terres avec le guano du Pérou ; nous bâtissons nos maisons avec les bois du Nord ; la Suède nous fournit du fer, l'Angleterre des machines. Le tonnage des grands ports a décuplé. Il suffit d'un léger progrès dans la construction des navires, d'un chemin de fer ou d'un canal nouveau, pour créer un courant qui bouleverse les anciennes relations commerciales, pour abaisser le prix d'une denrée, pour écraser une industrie locale, tandis que la chimie et la mécanique inventent sans cesse de nouveaux procédés de fabrication qui mettent à la portée de tous bien des produits jadis réservés aux riches.

Deux barrières protégeaient chaque pays contre cette invasion : la distance et la douane. La distance est vaincue ; la douane faiblit, en dépit d'une réaction qui sera passagère comme un retour à la barbarie. Les nécessités et les commodités de la vie sont bien plus accessibles à la masse des humains, mais aussi la concurrence menace jusqu'à l'agriculture. Le monde n'étant plus qu'un vaste marché ouvert à tous les peuples, ceux à qui manquent les terres ou les mines, ou les capitaux, ou l'activité et l'esprit de progrès, luttent malaisément contre leurs rivaux, risquent de s'appauvrir au milieu de l'enrichissement général. Un gouvernement régulier, économe, libéral ou médiocrement oppresseur, suffisait jadis à la prospérité d'un Etat ; il y faut aujourd'hui bien d'autres conditions. Jusqu'à notre siècle, la paix était sûrement bienfaisante et nourricière ; la multitude n'avait à craindre que les tyrans, les envahisseurs et la disette. Si le prince était honnête, si les guerres étaient rares ou heureuses, si le ciel était clément, on voyait fleurir l'agriculture, le commerce, l'industrie et les arts. Sans doute, il y a moins de tyrans ; les guerres sont courtes et causent moins de ravages ; la disette est facile à éviter. Mais ce n'est qu'au prix d'une activité infatigable et ingénieuse que nous échappons à des périls dont nos pères n'avaient pas l'idée, à des crises qu'ils ne connaissaient pas.

Adam Smith a remarqué que la division du travail est proportionnelle à l'étendue du marché. Or le marché n'est plus local, ni provincial, ni même national : il est universel. De là un progrès rapide dans la division du travail et, par conséquent, des souffrances terribles pour ceux qui se laissent distancer. L'Angleterre a sur nous bien des avantages : plus de charbon, plus de fer, plus de capitaux, plus de marine, et la vitesse acquise ; l'Allemagne possède la houille et le travail à bon marché ; les Américains battent notre agriculture par l'immensité de leur territoire ; la terre ne leur coûte rien ; leur dette est moins lourde que la nôtre ; leur jeunesse n'est pas détournée des travaux de la paix par l'obligation du service militaire. Ainsi la concurrence vitale est devenue plus âpre, non seulement entre les hommes, mais entre les peuples ; elle est aussi périlleuse dans la paix que dans la guerre. J'ai parlé ailleurs des conditions de la lutte armée ; il faut insister ici sur les conditions de la lutte pacifique.

Considérons la cité comme une société industrielle et commerciale, faite pour produire et pour vendre. Assurément ce n'est pas le seul point de vue où l'homme d'État doive se placer. Un peuple est autre chose qu'une collection de producteurs et de marchands ; mais, de toutes les comparaisons auxquelles il faut recourir successivement pour étudier la physiologie du corps social, il n'en est pas de plus juste ni de plus féconde. Nous prendrons donc les économistes pour les meilleurs maîtres de la science politique. Les Rousseau et les de Maistre sont des rêveurs, avocats du passé, déclamateurs stériles et funestes, agitateurs d'idées creuses et de passions mauvaises ; les Turgot, les Adam Smith, les Bastiat, voilà les champions du progrès. Les économistes ne défendent pas seulement la liberté comme une belle chose, ou comme un droit naturel, mais comme une condition essentielle de la prospérité. Les libéraux de l'école sentimentale sont sujets à d'étranges faiblesses ; les interprètes du droit abstrait sont exposés à trouver des conclusions tyranniques au bout de leurs raisonnements. Il n'est pas prouvé que l'éloquence et la philosophie aient plus rendu de services que causé de dommages à la cause de la liberté. Les utilitaires, mettons ce mot nouveau sur une idée toute moderne, sont les plus fidèles défenseurs de la liberté, parce que leur conviction ne dépend pas de la chaleur de leur sang ni des hasards d'une déduction arbitraire, mais de l'exacte observation des faits et des lois naturelles. Quand Montesquieu écrivit cette phrase : « Les pays ne sont pas cultivés en raison de leur fertilité, mais en raison de leur liberté », il fit plus pour l'affranchissement du genre humain que les plus puissants orateurs et les plus fougueux tribuns.

Ainsi les meilleures lois qu'un peuple puisse se donner sont celles qui lui permettent le mieux de soutenir la concurrence dans la paix comme dans la guerre. Comment on doit concilier ces deux buts différents, obtenir à la fois la force et la richesse sans sacrifier l'une à l'autre, c'est ce que nous n'avons pas à rechercher ici; ce livre n'est pas un cours de politique. Parlons de la richesse; consultons l'expérience de ceux qui excellent à la produire et à la conserver. Un fabricant habile et un habile marchand seront ici pour le législateur des guides plus sûrs que les théologiens et les Jésuites; saint Thomas et Justinien n'ont que faire en ce débat, et nous interrogerons plus utilement le bon sens d'un filateur ou d'un épicier que la philosophie de tous les docteurs. Nous n'avons pas besoin d'entrer dans un détail infini; contentons-nous d'emprunter à la sagesse des gens pratiques trois ou quatre maximes qui suffiront à nous éclairer. Or les gens pratiques nous conseilleront unanimement :

De réduire autant que possible les frais généraux de la production ;

De diriger les efforts de chaque citoyen vers les travaux utiles dont il est le plus capable ;

De donner à tous les capitaux dont nous disposons l'emploi le plus fructueux ;

De tenir constamment nos regards fixés sur nos rivaux et sur l'état du marché universel.

Voyons quelle lumière ces aphorismes d'une sagesse vulgaire mais sûre peuvent jeter sur la question qui nous occupe.

CHAPITRE V

L'INTÉRÊT NATIONAL

On est à peu près d'accord aujourd'hui pour demander le gouvernement à bon marché, mais cet accord n'est que théorique, et nous sommes encore, bien plus que nous ne croyons, fidèles aux traditions de l'ancien régime. Quand les hommes d'Etat servaient le prince, et non le peuple, ils ne songeaient qu'à accroître les revenus du prince, et la prospérité du peuple n'était désirable à leurs yeux que parce qu'elle rendait cet accroissement facile. On admettait que les taxes étaient toujours assez justifiées, pourvu qu'elles fussent aisément payées. Nos meilleurs rois, on les compte, reculaient devant l'idée de fouler leurs sujets, mais il ne paraît pas que jamais on ait cru, avant la Révolution, que les contributions publiques doivent avoir pour limite les besoins réels de l'Etat, et non les facultés des citoyens. On ne savait pas que ceux-ci donnent toujours trop, si riches qu'ils soient, quand leur tribut n'est pas uniquement consacré au service du pays. Même quand l'impôt était visiblement excessif, le souverain employait toujours une assez large portion de son revenu à entretenir le luxe de ses courtisans, de ses maîtresses, des privilégiés qui rehaussaient l'éclat du trône ou qui prétendaient en assurer la solidité. Sauf quelques périodes d'aisance, courtes et rares, l'histoire financière de la monarchie française nous offre constamment le tableau d'un gouvernement gêné pressurant la nation. Cependant à toutes les époques, en dehors des dépenses utiles où l'on subvenait à grand'peine, il y avait des prodigalités qui nous paraîtraient à la fois absurdes et odieuses, si nous ne savions que le roi était un maître, et non un gérant. Tandis que les troupes avaient faim, que les rentiers se voyaient retrancher un quartier ou deux, la cour de France continuait d'éblouir l'univers par sa splendeur, et les grâces continuaient de pleuvoir sur les satellites du soleil. Louis XIV jugé comme le directeur d'une société par actions n'échapperait sans doute à aucune des condamnations dont le code pénal menace les mandataires infidèles et les administrateurs malhonnêtes. Mais une telle idée était loin de tous les esprits ; si la nation eût été sous le grand roi aussi heureuse qu'elle fut misérable, les moralistes les plus sévères eussent trouvé bon qu'il jetât par les fenêtres de Versailles et de Marly l'argent de ses sujets : le blâme commençait à l'oppression.

A côté du prince, il y avait la féodalité. Il restait bien peu de chose, en 89, de la féodalité politique et militaire, mais la féodalité fiscale subsistait tout entière. Ce n'était pas seulement la noblesse qui ne contribuait pas comme le peuple à remplir le trésor, mais qui contribuait de mille façons diverses à le vider. Mais le clergé, outre ses immenses propriétés, percevait la dîme des fruits de la terre, et levait des taxes forcées sur les actes obligatoires de la vie religieuse. Plus exigeante peut-être que le clergé, la justice, lente, cruelle, inique, absorbait par une multitude de suçoirs la substance des citoyens. C'était une féo-

dalité nouvelle, car les charges étaient hérédi-
taires et vénales, et les bénéfices de tous ces chats
fourrés se mesuraient, non à leurs services, mais
au prix dont ils avaient payé leur privilège. La
France était bien une grande société par actions,
mais les classes laborieuses, depuis l'humble laboureur jusqu'au riche fabricant, n'étaient qu'une
sorte de matière première, un bétail mal soigné
et bien tondu ; les actionnaires, c'étaient les gens
de robe et d'épée, qui se partageaient tout ce
que le gérant irresponsable n'avait pas dévoré.

Il s'en faut que la Révolution ait changé tout
cela. Sans doute, il n'y a plus de roi, plus de
clergé opulent, plus de noblesse qui forme une
caste légale et un ordre dans l'Etat. Mais les frais
de l'administration et de la justice sont encore dé-
terminés par les besoins ou, comme on dit auda-
cieusement, par les droits des fonctionnaires et
des officiers ministériels bien plus que par l'intérêt public ou par la valeur des services rendus.
La tradition toute-puissante, la coalition des employés, qui forment le gouvernement, avec les
quémandeurs d'emploi, qui font les lois et règlent
les comptes, maintiennent à un taux exorbitant
les dépenses générales de la société. Les impôts

sont excessifs ; l'industrie agricole comme l'industrie manufacturière gémissent sous un fardeau qui dépasse leurs forces, et qui les réduit à une infériorité croissante vis-à-vis de la concurrence étrangère. On en vient à considérer comme des fléaux les progrès même de la civilisation, à maudire les chemins de fer, les canaux et les ports, à chercher dans les droits de douane un remède à la facilité des communications, au bon marché des transports, aux inventions qui rapprochent les hommes et les produits.

Je ne puis entrer ici dans le détail des allègements possibles et des suppressions désirables, mais la cause que je soutiens serait à moitié gagnée si l'on était bien convaincu de la nécessité de soulager le travail national. Donnez-moi des législateurs qui veuillent appliquer à la gestion des affaires du pays les principes de prudence et de probité dont n'oserait se départir un fabricant sérieux et honnête, qui non seulement soient résolus à ne pas dépenser plus d'argent que le peuple n'en peut payer, mais qui considèrent les impôts comme une cause d'infériorité dans la lutte pour l'existence. Etablissons que les frais généraux de la production sont comme les surcharges qu'on impose à certains chevaux de course ; ils courent encore, mais ils sont vaincus. Réclamons enfin des réformes qui épargnent le temps et l'argent des citoyens dans leurs rapports avec le pouvoir, qui ramènent le gouvernement à son véritable rôle de garant de la propriété et de la sécurité. Efforçons-nous de ne payer à cette agence d'assurances forcées que la prime qui lui est exactement nécessaire, et nos idées sur l'instruction publique changeront avec l'idée que nous nous faisons des droits et des devoirs de l'Etat. Car nous voudrons moins de fonctionnaires, et nous n'élèverons plus la jeunesse en vue des fonctions publiques. Nous ne ferons plus des collèges le séminaire d'une sorte de clergé laïque, la pépinière d'une féodalité nouvelle.

A quelque point de vue qu'on se place, on avouera que la prospérité d'un pays tient en grande partie à la bonne répartition des vocations, et que l'éducation exerce une influence presque irrésistible sur le goût des jeunes gens qui font choix d'une profession. Ce n'est pas assez que chaque emploi public ou privé soit occupé par des hommes d'une capacité suffisante, il faut aussi que certaines carrières ne soient pas encombrées et d'autres désertées. Beaucoup d'appelés et peu d'élus, c'est la formule du désordre et du malaise social. Certaines républiques de l'Amérique espagnole comptent autant de généraux que de soldats, et presque autant de chefs de parti que de notables; faut-il ajouter que l'Etat n'est pas pour cela mieux défendu ni mieux gouverné? Pendant que tout le monde aspire aux honneurs ou aux galons, le commerce et l'industrie sont aux mains des étrangers.

Le défaut d'équilibre entre les diverses professions est pour le corps social une sorte de monstruosité; il y a excès de développement d'un côté, arrêt de développement de l'autre: hypertrophie et atrophie. L'histoire nous offre de nombreux exemples de cette maladie à double face. Le plus souvent c'est l'agriculture qui est frappée d'atrophie. L'empire romain fut épuisé par l'afflux de la population dans les villes. On a dit que la découverte du Nouveau-Monde avait préparé la décadence de l'Espagne en faisant déserter les travaux de la paix; il est permis de croire que l'amour de la vie religieuse et la multiplication des couvents firent plus de tort à la

Péninsule que l'émigration, qui est rarement excessive.

Les sociétés anciennes, qui reposaient sur l'esclavage, supportaient sans doute plus facilement
une telle rupture d'équilibre ; le travail forcé sup-
pléait en partie à ce que le travail libre avait
d'insuffisant. Les citoyens pouvaient vivre dans
les camps ou sur la place publique, sans que la
richesse ou l'existence même de la nation fussent
rapidement compromises. Comme les modernes
n'ont pas cette ressource, le mal éclate chez eux
en symptômes plus prompts.

Dans une usine ou dans une maison de commerce, il arrive naturellement que certains emplois sont beaucoup plus recherchés que les autres,
sans que pour cela les-uns soient abandonnés et
les autres envahis. C'est qu'une volonté inflexible
et une évidente nécessité ne permettent pas que
les cadres soient brisés et les rangs confondus.
Si l'autorité d'un chef ne maintenait dans l'ordre
les choses et les gens, la ruine de l'entreprise ne
tarderait pas à dissoudre une combinaison ins-
table. Mais un État ne se gouverne pas comme
une fabrique ou un magasin. Aucun pouvoir
n'impose aux parents la voie où ils doivent

pousser leurs fils, ni aux jeunes gens la voie où ils doivent chercher fortune. Sans doute le besoin finit par mettre chacun à sa place, mais au prix de souffrances profondes, après des tentatives qui gaspillent le temps et les forces, après des échecs qui laissent des blessures souvent incurables, qui mortifient l'amour-propre, qui aigrissent ou débilitent les caractères.

Il est reconnu que le grand nombre des déclassés est le pire des fléaux, une cause de révolutions fréquentes et de malaise continuel. Les déclassés sont les plus dangereux des mécontents, parce que leur mécontentement ne voit d'autre issue qu'un bouleversement. Tout homme qui aspire à changer de position et qui n'en peut changer par le cours naturel des choses, comme un commerçant qui s'enrichit et un officier qui monte en grade, tout homme qui se sent acculé dans une impasse, s'acquitte mal d'une tâche qui lui est odieuse, et trouble ceux qu'il envie dans l'accomplissement de la fonction qu'il convoite.

Il y a des gens que la faiblesse de leur intelligence ou les vices de leur caractère condamnent à déchoir ou du moins à piétiner sur place. Mais ces vaincus de la vie ne sont pas les plus redoutables des déclassés. Ils ne peuvent échapper entièrement à la conscience de leur infériorité, ni se dissimuler ce qu'il y a de légitime dans leur défaite, et d'ailleurs cette défaite même tient le plus souvent à des causes qui les rendent impuissants pour le mal comme pour le bien. Les déclassés qu'il faut craindre sont ceux qui se voient battus avant d'avoir engagé la lutte, parce que la carrière leur est fermée avant qu'ils aient pu s'y élancer. Ils se sont armés, exercés, entraînés, on leur refuse le combat. Leur ressentiment est d'autant plus âpre qu'ils ne se sentent pas coupables de leur malheur, d'autant plus actif qu'ils ont toutes leurs forces: ils sont irrités, et non paralysés. Ils n'ont pas manqué à leur destinée, c'est la destinée qui leur fait banqueroute. Ils débutent dans la vie avec une colère de créanciers frustrés. Ils se croient victimes d'une grande injustice, et l'opinion publique incline à les tenir, en effet, pour victimes. Aussi y a-t-il beaucoup de chances pour qu'ils prennent leur revanche, soit qu'ils enlèvent d'assaut, à la faveur d'un revirement politique, les postes qu'ils convoitent, soit qu'ils obligent le gouvernement à élargir ses cadres pour leur faire place. Dans le premier cas les déclassés d'hier passent dans les rangs des satisfaits, mais aussi les satisfaits de la veille deviennent des déclassés; dans le second, les professions improductives font vivre un plus grand nombre de citoyens aux dépens des professions productives.

Car il y a des professions productives et des professions improductives ; ces dernières, d'ailleurs, ne sont pas nécessairement des professions parasites. L'agriculteur, le commerçant, l'industriel, ouvrier, contre-maître ou patron, accroissent par leur travail la somme des objets nécessaires, utiles ou agréables, mis à la disposition des hommes en général, et de chaque groupe d'hommes en particulier. Le soldat, le prêtre, le médecin, le politicien et l'homme de loi n'ajoutent rien à la richesse d'un pays ; ils ne font, quand ils s'acquittent bien de leur devoir, que la conserver. Ils ne fournissent ni à nos besoins, ni à nos plaisirs ; ils remédient à nos défauts, ils nous défendent contre le danger. Si nous avions moins de défauts, si nous courions moins de dangers, nous pourrions nous passer d'eux.

Encore faut-il distinguer, parmi les professions improductives, les métiers privés et les fonctions officielles. Rien ne nous oblige à recourir au médecin, si nous nous portons bien, si les prescriptions de l'art ne nous inspirent point de confiance. Mais tout citoyen contribue à entretenir les préfets, même s'il ignore leur existence, les juges, même s'il est assez sage pour avoir horreur des procès, l'armée, même s'il croit à la paix perpétuelle, le clergé, même s'il professe le plus pur athéïsme. Tout citoyen peut être obligé de payer l'impôt, et un impôt fort lourd, au notaire, à l'avoué, à l'huissier. Nos lois font des officiers ministériels de véritables fonctionnaires, et les plus coûteux de tous, puisqu'il faut à la fois rémunérer leurs services et pourvoir à l'intérêt du capital qu'ils ont engagé dans leurs charges.

Voici la principale différence entre les métiers privés, quels qu'ils soient, et les fonctions publiques ; ceux qui exercent les premiers sont responsables envers leur clientèle ; ceux qui détiennent les secondes ne sont responsables qu'envers le pouvoir. Si le laboureur néglige son travail ou connaît mal son métier, il se ruine ; si le négociant manque d'activité, ou de politesse, ou de prudence, il se ruine ; si l'industriel s'adonne à la fabrication d'un objet inutile ou démodé, s'il produit dans de mauvaises conditions, s'il s'obstine à ignorer les progrès accomplis par ses rivaux, il se ruine. Le mérite qui procure le succès est un mérite professionnel. Le fonctionnaire est indépendant des citoyens à qui il a affaire. Il peut réussir, il réussit surtout par des qualités entièrement étrangères à ses fonctions. Même s'il est élu, il devra peut-être son élection à des talents qui ne le rendent nullement propre à la charge dont on l'investit. Le législateur fait impunément des lois détestables, pourvu qu'il fasse des discours habiles, et la plus vénale des magistratures est issue du suffrage populaire.

Chaque industrie nourrit juste autant de travailleurs que l'exigent les besoins et le goût du public. Si le nombre des concurrents devient excessif, la concurrence même élimine les moins capables, abaisse le prix des marchandises. Il n'en est pas de même des fonctions officielles. Leur nombre et leur salaire dépendent de mille causes différentes, avec lesquelles l'intérêt général n'a rien à voir : la tradition, la bonté d'âme des puissants, la nécessité de satisfaire les personnages influents, le désir d'enchaîner une foule chaque jour plus serrée à la fortune du pouvoir, l'orgueil qui porte chaque chef de service à s'entourer d'un état-major imposant, le plaisir qu'éprouvent les hommes d'Etat à obliger des particuliers aux dépens de la communauté.

Si donc les vocations surabondent, si une multitude de candidats se pressent à l'entrée des fonctions publiques, il est à craindre que le gouvernement ne multiplie ces fonctions, par calcul ou par humanité, pour se faire moins d'ennemis ou pour faire moins de malheureux. Ce danger n'est point nouveau, et ceux qui accusent la démocratie de prodigalité auraient tort d'oublier l'histoire de l'ancien régime. Nos rois entretenaient des classes entières de parasites aux dépens du peuple. Les abbés commendataires et les prélats grassement rentés, qui dévoraient les revenus de l'Eglise, n'étaient que des cadets de famille qu'il avait fallu pourvoir. Les innombrables charges que Louis XIV vendait dans sa détresse, étaient encore plus nuisibles qu'inutiles ; les sinécures ne sont pas le pire des fléaux, et les citoyens gagneraient souvent à payer les agents du pouvoir pour dormir ou pour louer Dieu. Quand la bureaucratie n'est que superflue, il faut lui savoir gré de n'être pas tracassière. Il est malheureusement rare qu'elle ne s'applique pas à justifier sa propre existence, et qu'après avoir pris aux contribuables leur argent, elle ne leur prenne pas par surcroît leur temps et leur liberté. M. Caritidès ne réclame pas l'emploi d'inspecteur des enseignes dans l'espoir de se croiser les bras, et compte bien en faire sentir l'importance aux boutiquiers de Paris.

L'ancienne monarchie a péri par les finances, et c'est l'obligation de pourvoir aux besoins de la noblesse qui a mis en détresse les finances de la monarchie. Ni la manie des bâtiments, ni le goût de la splendeur, ni leurs maîtresses n'ont coûté aussi cher aux rois que le préjugé qui les forçait à répandre sur les enfants d'une caste une pluie de grâces, c'est-à-dire de gratifications déguisées ou non.

La démocratie n'admet point de caste et ne connaît pas de nobles, mais elle a ses bacheliers.

L'enseignement classique ne prépare les jeunes Français à aucune profession productive. Il les pousse presque irrésistiblement aux professions libérales et surtout aux moins spéciales de ces professions, à celles qui n'exigent qu'une certaine facilité de plume et de parole ; il n'en fait que des avocats et des journalistes, c'est-à-dire des politiciens ; il les déclasse. Or les tendances de la démocratie aggravent le péril que les déclassés font courir à la société. Le nombre des boursiers croît et croîtra de plus en plus. Beaucoup de candidats promettent d'ouvrir largement aux déshérités de la Fortune les portes des lycées et des collèges. Rien de plus légitime que le sentiment qui porte les amis de l'égalité à réparer ainsi une partie des injustices du destin, à seconder la nature en donnant l'instruction à ceux qu'elle a doués d'une intelligence au dessus du commun. Mais l'Etat est bien un peu responsable de l'avenir des jeunes gens qu'il a distingués ; il leur doit une carrière où ils puissent jouir de ses bienfaits. Peu lui importent les fils de la bourgeoisie, auxquels il ne doit rien parce qu'il ne leur a rien fait espérer ; mais il ne saurait renvoyer à l'atelier ou à la charrue les bacheliers qu'il est allé chercher pour les conduire par la main jusque sur la sellette de la Faculté.

Laissons de côté cette obligation morale que le Gouvernement contracte envers ses pupilles ; supposons qu'il ne leur fasse point de tort en les lançant dans le monde avec un diplôme dans la poche, du latin dans la tête et rien de plus pour vivre. Il fait tort à la société en poussant aux carrières improductives une foule toujours plus nombreuse de Français qui auraient pu se rendre utiles et conquérir une situation plus heureuse si on les avait abandonnés à leurs propres forces ou si on leur avait donné une éducation moins littéraire. A-t-on le droit d'employer l'argent des contribuables laborieux à faire des parasites et des déclassés? N'est-ce pas une injustice envers l'agriculture, le commerce et l'industrie que d'écrémer la jeunesse au profit du barreau et de la bureaucratie ? Est-ce que, pour recruter un état-major de fonctionnaires, la République a le droit de détourner chaque année des milliers d'adolescents de la voie où ils auraient trouvé le bonheur? On parle volontiers des avantages du concours pour les candidats qui réussissent et pour les emplois qu'il s'agit d'emporter à la pointe de la plume. Mais on ne s'apitoie pas assez sur les blessés, les écloppés du concours, sur cette immense multitude de vaincus dont l'existence entière est faussée par l'ambition aveugle de leurs parents ou par la sollicitude plus aveugle encore du pouvoir, et qui, pour avoir visé à des professions encombrées, où ils ne trouvent plus de place, se sont rendus impropres aux professions trop peu recherchées, où il reste des places vides.

Assurément, tant que notre système d'instruction publique maintiendra une sorte de hiérarchie où les producteurs n'occupent qu'un échelon inférieur, tant que les succès scolaires voueront les lauréats aux carrières prétendues libérales, il sera impossible d'empêcher la jeunesse de se presser devant certaines portes, au risque de s'y étouffer. Tant que l'éducation classique exercera un prestige irrésistible, grâce aux privilèges que lui assurent les lois et les règlements, la bourgeoisie livrera ses fils au latin, et l'Etat ne saurait en dispenser ses boursiers. Le sentiment démocratique serait froissé, si les enfants pauvres qui promettent le plus ne recevaient que l'instruction commerciale ou industrielle. On n'échappera à l'invasion de plus en plus menaçante des bacheliers que quand cette vieille et fausse hiérarchie intellectuelle aura cessé d'être maintenue par l'Université et par le pouvoir.

Il est temps de précipiter les inutiles du sommet où la Révolution française les a laissés, mais où l'évolution économique du XIX⁰ siècle doit enfin les attendre. Dans une société aristocratique ou autocratique, les fonctionnaires sont les premiers des hommes, ou parce qu'ils appartiennent à une caste dominante, ou parce qu'ils reçoivent le reflet de la splendeur souveraine. Dans une démocratie pauvre et barbare, les fonctionnaires sont grands, parce qu'ils représentent l'Etat, qui est tout, en face des citoyens, qui sont peu de chose. Dans une société libre, active et riche, les hommes qui enrichissent la nation sont au moins les égaux de ceux qui gèrent les intérêts communs, ou qui exploitent par privilège les faiblesses humaines ; les producteurs sont au moins les égaux des politiciens, des bureaucrates et des gens de loi.

On a remarqué de bonne heure que les fidèles des religions à demi persécutées étaient souvent plus actifs et plus riches que ceux de la religion de l'Etat. Otez à une catégorie de sujets l'accès des honneurs, des fonctions publiques, des professions privilégiées ; fermez à leurs enfants la porte des écoles où la jeunesse se prépare à mériter la faveur du souverain, à prendre part au gouvernement du pays, à profiter des injustices de la loi, peut-être rendrez-vous à ceux que vous croirez frapper un service inappréciable : vous les contraindrez à chercher la fortune dans un travail utile. Au moyen âge les Juifs ont accaparé le commerce de l'argent, parce qu'on leur interdisait tout autre emploi de leur activité. Il est vrai qu'on les pressait comme des éponges, dès qu'ils étaient gonflés ; si l'on s'était borné à les tenir au dehors de la société politique sans les traiter périodiquement comme des bêtes fauves, leur opulence eût été sans bornes au milieu de la chrétienté appauvrie par son intolérance. Sous Louis XIV et sous Louis XV les protestants, là où ils échappaient à la proscription et à la conversion forcée, devenaient vite plus riches que leurs concitoyens catholiques. Les dissidents russes ne passent-ils pas pour détenir une bonne partie des capitaux de l'empire ? Est-ce qu'en Turquie l'argent n'est pas dans les mains des Grecs et des Arméniens ? Peut-être les catholiques, si on leur fait la guerre avec un peu plus de vivacité, et surtout avec suite, sont-ils appelés à s'emparer chez nous de tous les métiers qui mènent à la fortune, parce qu'ils désespèreront de vivre aux dépens du Trésor. Mais il faudrait pour cela que l'hérédité de la foi fût plus solidement établie, et que la direction de l'opinion catholique ne fût pas abandonnée à deux castes imbues de préjugés hostiles au progrès : une aristocratie qui se pique de dédaigner le travail, et un clergé qui se recrute aux dépens de l'élite intelligente. Cinquante ans de gouvernement libre-penseur avec passion pourraient bien changer les choses, et prouver par un exemple éclatant que les fonctions publiques et les faveurs du souverain, sans enrichir beaucoup ceux qui les obtiennent, appauvrissent les catégories de citoyens qui les espèrent et les briguent.

CHAPITRE VI

LA QUESTION D'ARGENT

Il n'est pas inutile de dire quelques mots de l'emploi des capitaux. Si les Français plaçaient leurs économies avec autant de clairvoyance qu'ils mettent de patience et de zèle à les amasser, nous serions probablement la nation la plus riche du monde; ni les Anglais, ni les Américains ne gagneraient sur nous le prix de l'opulence. Il ne semble pas qu'on attache à cette question assez d'importance. C'est par milliards qu'il faut évaluer le gaspillage de nos fonds. Telle faillite d'un État étranger nous coûte plus cher qu'une mauvaise récolte. La Turquie, l'Espagne, le Pérou, sans compter les petits larrons, ont englouti l'épargne de nos travailleurs, le bénéfice de nos commerçants. L'argent que nous perdons par notre faute en France même n'est pas entièrement perdu pour la France ; là spéculation imprudente n'appauvrit pas toujours la nation. Mais quand nous exportons nos écus au profit d'un sultan banqueroutier ou d'une République livrée à l'anarchie, quand nous aidons à construire des chemins de fer ruineux ou à fouiller des mines imaginaires, nous levons sur notre pays une contribution aussi coûteuse que le tribut payé à un vainqueur. Il y a en France des milliers de laboureurs qui se lèvent avant le jour pour subvenir au luxe du Grand Turc, des milliers d'ouvriers qui manquent de travail parce qu'il a plu à un dictateur de l'Amérique du Sud de spéculer sur notre sottise.

Il est cependant impossible qu'un peuple aussi riche que les Français n'ait pas d'argent à placer au dehors. Il n'est que de bien choisir. Les revenus extérieurs des Anglais forment une notable portion du capital de l'Angleterre, qui s'accroît si vite en dépit de la balance du commerce. Il est de plus en plus évident que la fortune totale d'une nation très civilisée ne saurait se mesurer à la somme des immeubles et du numéraire qu'elle possède sur son propre territoire ; la propriété mobilière et industrielle devient internationale ; le monde entier est ouvert à l'exploitation des capitalistes intelligents. A toute heure, il y a dans tout l'Univers de bonnes et de mauvaises affaires, de bons et de mauvais placements, qui attendent ou sollicitent les capitaux disponibles sur tous les marchés financiers. Le choix de ces affaires et de ces placements, soit à l'étranger, soit sur le territoire européen et colonial de chaque peuple, est aujourd'hui un des problèmes qui intéressent le plus la prospérité nationale.

Le gouvernement d'une fortune héréditaire ou acquise est pour un esprit cultivé une occupation aussi respectable que les divertissements de la vie parisienne et les intrigues de la vie politique. Les gentilshommes d'autrefois ne dérogeaient point en cultivant leurs terres ; la haute bourgeoisie de nos jours ferait de son loisir un emploi assez utile et assez intelligent si elle s'appliquait à tirer de ce qu'elle possède le meilleur parti possible. Il serait bon, à ce point de vue, que les héritiers des familles opulentes ou simplement

aisées fussent armés, par une connaissance suffisante de la science économique et de la géographie commerciale et financière, contre les arti-
fices des charlatans et la séduction des jeux de
Bourse. On croit souvent faire assez pour eux
en les engageant à étudier le droit et à prendre
leurs grades. Mais en réalité les dangers de la
chicane sont moins redoutables que ceux de la
spéculation, de l'ignorance en matière de placements et de la confiance excessive. Un homme
qui sait placer son argent, sans en croire son
notaire, son banquier, son journal, ou le premier
venu, est mieux préparé à défendre sa fortune et
surtout à l'accroître, que celui qui s'est mis par
de longs travaux en état de comprendre jusqu'à
un certain point le jargon d'un clerc d'avoué.

Faut-il insister sur la nécessité où nous
sommes de savoir ce qui se fait, ce qui se vend
et ce qui s'achète dans le monde entier ? La crise
que nous traversons tient en grande partie à
notre ignorance. Tantôt nous nous laissons
évincer par nos rivaux en refusant de travailler
au gré de nos clients lointains. Nous prétendons
imposer notre goût à des peuples qui ne nous

connaissent pas; nos fabricants dédaignent de s'informer des besoins de tel ou tel marché, s'obstinent à croire que tout l'univers ressemble à leur paroisse. Tantôt nous négligeons de suivre les progrès de nos concurrents, et nous nous étonnons que leur activité l'emporte sur notre paresse d'esprit. L'exportation languit et l'industriel, devenu le plus modeste des hommes, ne demande plus aux dieux que de défendre le territoire national contre les marchandises étrangères. Nous nous flattons maintenant de mieux apprendre la géographie, mais il ne suffit pas de savoir les montagnes et les bassins, les fleuves et les affluents; il faudrait que cette étude fût pour nous autre chose que l'acquisition d'une nomenclature de noms baroques et un exercice de dessin encore plus stérile que les autres et plus ennuyeux.

Les cultivateurs n'échappent pas plus que les fabricants à cette exigence du temps présent. Il ne s'agit plus de faire rendre à un domaine la plus grande somme possible de produits assurés d'un écoulement égal et d'une vente facile, mais de diriger les efforts de l'industrie agricole; comme des autres industries, selon l'état du mar-

ché universel et les besoins du consommateur,
qui est désormais le genre humain. Planter des
choux n'est plus une besogne qui n'exige aucun
effort d'esprit.

Quand un Français qui travaille bonnement
avec les outils et la méthode de ses devanciers
découvre qu'il ne gagne point d'argent, sa première pensée n'est pas de changer d'outils ou de
méthode, mais d'exiger du gouvernement une garantie contre le chômage et la ruine. Il nous est,
paraît-il, plus aisé d'inventer des impôts que des
machines, et nous sommes prompts à remplacer
le progrès par la douane. C'est que, pour lutter
contre la concurrence, il faut du capital et du travail, de l'intelligence pratique et du savoir-faire ;
pour réclamer une protection, il ne faut que savoir parler. De là vient qu'un industriel en détresse se transforme si aisément en agent électo-
ral, voire en candidat, et que les filateurs ont
une vocation naturelle pour l'éloquence des réunions publiques. Mais ceux qui demandent trop
à l'État ne voient pas que l'État prête l'oreille à
d'autres solliciteurs, et que sa toute-puissance
incessamment accrue a d'autres courtisans, plus
bruyants et plus nombreux. Les théoriciens de

la protection sont les avant-coureurs des socialistes , et le souverain démocratique , provisoirement ignorant, trouvera peut-être plus juste
d'assurer l'aisance à tous que la richesse à
quelques-uns. Sait-il que c'est là une chimère?
On l'invoque comme une seconde Providence :
c'est lui donner la tentation d'améliorer l'œuvre
de la première.

Vous vous écriez que c'est trop parler d'argent. Mais pourquoi n'en finirions-nous pas avec
cette grande hypocrisie séculaire, le mépris
de l'argent ? De tout temps on a déclamé contre
l'amour du lucre, de tout temps on a aimé le
lucre. Certes il est des hommes d'élite que le
désir de s'enrichir ne rabaisse pas au niveau
commun. Mais le plus souvent leur désintéressement n'est que partiel ; d'autres passions, qui
ont aussi leur égoïsme, règnent dans leur cœur
avec une toute-puissance jalouse. Quelques-uns
aspirent à la gloire, beaucoup aux honneurs.
Encore les artistes se plaisent-ils à recueillir le
fruit de leurs travaux ; les lauriers leur plaisent
d'autant plus qu'ils sont plus dorés ; gagner
gros, n'est-ce pas constater qu'on est populaire,
ou qu'on a mérité le suffrage des connaisseurs?

Quant aux ambitieux, leur désintéressement n'est parfois qu'un calcul habile pour faire fortune d'un seul coup, ou pour goûter toutes les délices de la richesse sans se donner la peine de l'acquérir.

D'ailleurs, ce n'est ni en vue de la gloire, ni en vue des honneurs, qu'il faut élever la jeunesse dans un État démocratique. Ne nous laissons pas duper par les rhéteurs de l'antiquité. Athènes elle-même fut une ville de commerce, et les concitoyens d'Alcibiade faisaient surtout la guerre pour étendre leur empire, c'est-à-dire pour accroître le nombre de leurs tributaires. Jamais les Romains ne séparèrent l'idée de la conquête de l'idée du gain : leurs plus beaux triomphes n'étaient que l'étalage des dépouilles du vaincu, la revue solennelle du butin. En Angleterre, l'aristocratie est assez opulente pour ne songer qu'au pouvoir, et pour ne destiner ses enfants qu'à briller dans la carrière politique. Encore les aînés ont-ils seuls le droit de se montrer désintéressés ; nulle part on n'a réservé aux cadets de bonne famille une plus abondante collection d'emplois bien rétribués.

Les savants sont moins que les politiciens tentés de faire fortune, et ne se flattent pas, comme les artistes, de battre monnaie avec leur génie. Cependant quand on veut les louer de façon à les rendre populaires, on vante les services qu'ils rendent à l'humanité, et d'abord à leur pays, soit en combattant des fléaux ruineux, soit en révélant à l'industrie des secrets qui la rendent plus féconde, et qui accroissent la richesse générale. La science a sa valeur par elle-même, et nous ne la ravalerons point à un rôle mercenaire, mais elle joint la bienfaisance à la bonté, l'utilité à la grandeur.

Ceux-là surtout peuvent dédaigner l'argent, qui se condamnent par serment à n'amasser des trésors que pour une autre vie, et qui n'ont point d'enfants à pourvoir. Mais la nature reprend ses droits ; l'amour de la propriété collective est au moins aussi fort que l'amour de la propriété privée ; le vœu de pauvreté n'en défend pas les religieux même sincères ; il n'est cupidité que de moine.

Consultez la tradition ; interrogez l'opinion des siècles passés ; on glorifie le mépris de l'argent ; on en fait une vertu cardinale, et l'on estime plus ceux qui envahissent la richesse créée par autrui que ceux qui la créent eux-mêmes et la multiplient. Le marchand et le laboureur étaient relégués dans les rangs les plus humbles du tiers état, mais le courtisan pourvu d'une charge bien payée, s'enorgueillissait de la noblesse de sa condition, et le prélat opulent faisait prêcher l'Evangile, où le dédain des biens terrestres éclatait à chaque verset. Ce n'était pas déchoir que de gagner, pourvu qu'on ne se livrât à aucun travail utile. C'est que le mépris de l'argent n'était que le masque d'un antique préjugé ; c'est qu'on se souvenait toujours du temps où le travail avait quelque chose de servile, où les populations guerrières vouaient au labeur les populations vaincues, où l'impôt était un tribut levé par les forts sur les faibles.

Les philosophes et les romanciers ont bien souvent rêvé une meilleure distribution de la richesse ; ils se sont rarement préoccupés des moyens de grossir ce fonds commun où ils prétendaient puiser le bonheur pour tous, comme s'il était plus important de bien partager que de bien produire. Quant aux hommes d'Etat, ils se sont maintes fois efforcés de développer le commerce et l'industrie ; ils ont parfois protégé l'agriculture, mais ils n'ont point cessé de considérer les professions lucratives comme inférieures aux professions soi-disant désintéressées. Sully fit une belle phrase sur le labourage et le pâturage, digne pendant du mot de son maître sur la poule au pot; ni le grand roi ni son ministre ne pouvaient deviner combien était injuste et nuisible la hiérarchie sociale qu'ils trouvaient établie, et qu'ils laissaient subsister. Il a fallu deux siècles pour que l'on commençât à soupçonner que les hommes qui travaillent sont les égaux de ceux qui lèvent la dîme sur le travail d'autrui.

Certains moralistes ne trouvent pas bon qu'un peuple soit trop riche, et chantent la pauvreté, mère de toutes les vertus. Ils sont proches parents des docteurs chrétiens qui proscrivent la santé comme dangereuse pour la perfection chrétienne. La gueuserie n'exclut pas la mollesse; la vigueur du tempérament national dépend bien plus du climat, de la race, des institutions, des circonstances qui ont modifié les mœurs et l'état social, que du degré d'aisance ou de gêne où vit la majorité de la population. Les Anglais sont-ils moins énergiques que les Italiens? Les

Flamands du moyen âge, les Hollandais du xvi° siècle, devaient-ils leur courage à la misère? Les Espagnols de la période de décadence n'offrent-ils pas la plus parfaite combinaison de l'inertie et de la pauvreté?

Le véritable homme d'Etat songe à enrichir son pays presque autant qu'à le préserver de tout danger extérieur. On atteint ces deux buts par des méthodes tout opposées. Pour assurer la défense du territoire, le pouvoir agit, lève des hommes et de l'argent, impose des lois sévères, une discipline inflexible. Pour accroître la richesse générale, le pouvoir doit restreindre son action, diminuer les taxes, éviter tout ce qui fait perdre aux sujets leur peine ou leur temps, laisser faire et laisser passer. Dans l'ordre militaire règne le principe d'autorité; dans l'ordre économique, le principe de liberté. Le ministère de la guerre est le ministère de l'autorité; le ministère du commerce est le ministère de la liberté. Un bon ministre de l'agriculture et du commerce devrait être l'adversaire passionné, éloquent, impérieux, de tout ce qui entrave l'activité des citoyens, de tout ce qui les gêne, les appauvrit, les détourne de leur but; admirable rôle pour qui saurait le comprendre et le soutenir. Ce n'est pas avec des paperasses, des rapports, des cérémonies ennuyeuses et des encouragements insignifiants qu'on atteindra le but, ni en prodiguant l'argent des contribuables dans des travaux publics souvent inutiles et mal choisis, toujours coûteux; c'est par une politique systématique, constante et ferme en ses desseins, qui s'appuie sur la science, qui brave les vieux préjugés et qui rompe avec toutes les routines.

Que la France soit plus riche : quel est celui de nos vœux qui ne pourra s'accomplir bien plus aisément? Vous êtes patriote; vous pensez que l'argent le mieux employé sert à fondre des canons, à bâtir des forteresses, et surtout à former des soldats : nous ne lésinerons pas avec la défense nationale; les casernes seront moins tristes; l'ordinaire sera plus confortable; nous paierons nos sous-officiers de façon à les garder, et nos officiers sans fortune ne connaîtront plus cette misère en uniforme qui vaut bien la misère en habit noir. Si la guerre éclate, nous aurons de quoi la soutenir, et nous pourrons même ne pas compter sur les dépouilles du vaincu pour garantir du pain aux victimes du devoir.

S'agit-il de nos colonies et de nos efforts pour réparer tardivement la grande défaite de nos pères, la grande lâcheté de Louis XV ? Vous vous indignez de ce que l'on hésite à poursuivre les entreprises commencées; vous souffrez de voir marchander quelques millions à qui vous gagne un empire : si nous étions plus riches, nous ne serions pas si avares, et le budget d'aujourd'hui pourrait faire les frais de notre grandeur future.

Et vous, amis de l'humanité, qui trouvez nos hôpitaux étroits, nos mendiants trop nombreux, qui réclamez plus d'asiles pour l'enfance abandonnée, pour la vieillesse sans ressources, ne savez-vous pas ce qui nous manque? Avez-vous parcouru l'Europe, et trouvé çà et là des campagnes florissantes, des villages où éclate l'aisance, où les maisons des paysans reluisent dans une corbeille de verdure et de fleurs? Ce sont des pays riches, et il y a encore en France bien des contrées où la négligence trahit la pauvreté.

Mais ce qui vous touche le plus, ce sont les splendeurs du luxe et des arts. Ici nous luttons victorieusement contre tous nos rivaux, mais nous ne les battons que grâce à leur secours, et nous brillerions moins si nous n'étions les aubergistes, les fournisseurs et les amuseurs des deux mondes. Succès précaire, que peuvent nous ravir la guerre et les révolutions, même les caprices de la mode, et dont il ne nous resterait que des habitudes et des goûts disproportionnés à nos moyens.

Certes nous ne sommes pas un peuple pauvre, mais nous avons tant de besoins, tant de dettes à payer, tant de travaux à finir, tant de fonctionnaires à entretenir, dont nous ne nous débarrasserons pas en un jour ! Notre budget nous accable ; nous plions sous le fardeau chaque jour plus pesant. Déjà l'industrie se plaint, l'agriculture se lamente ; déjà la concurrence nous fait peur ; l'Europe et l'Amérique nous disputent notre propre marché ; partout nous rencontrons des rivaux plus actifs ou mieux outillés, et les économistes ne parlent que de batailles perdues. Aux maux qui nous menacent, qui nous envahissent, qui donc peut se flatter d'échapper ? Ceux qui vivent de leurs rentes, si leurs rentes sont bien assises, s'ils n'ont pas compté sur des fermages qu'on ne paie plus, sur des usines qui vont fermer, sur des actions dont le dividende s'amoindrit chaque jour, et disparaîtra tout à l'heure. Même ceux qui vivent d'art, de poésie, et de foi religieuse, apprendront peut-être bientôt que les fleurs qu'ils cultivent ont besoin d'un sol gras et riche, que les chefs-d'œuvre ne se vendent pas quand les amateurs manquent d'argent, que la prospérité des Philistins importe aux amants de l'Idéal, que Dieu même est mal logé quand le Veau d'or est mal servi. Car les temps sont passés où la magnificence des églises contrastait avec l'humilité des chaumières.

Que de phrases on a faites sur le mot de M. Guizot : « Enrichissez-vous ! » Voltaire s'est fait moins de tort en écrivant *La Pucelle* que ce grand ministre en arborant la devise du siècle. Deux ou trois générations de puritains ont étalé à ce propos toutes les délicatesses de leur pudeur honoraire et toute la fierté de leur désintéressement provisoire. Nous n'avons pas été pour cela moins avides de lucre dans la vie privée, où la vérité ne perd pas ses droits. Mais en politique, où le mensonge est à l'aise, nous avons par trop dédaigné les conseils des économistes ; nous avons par trop préféré à la poule aux œufs d'or, l'aigle rapace, le paon superbe et la pie babillarde. Nous avons par nos lois, comme par nos mœurs, maintenu la fausse hiérarchie de l'ancien régime, et honoré les professions stériles aux dépens des professions utiles. Il est temps de remettre les gens à leur place, de glorifier le travail fécond, d'apprendre à la jeunesse que l'aristocratie des arts libéraux n'est plus de notre siècle. Nous avons assez pris pour modèles les Grecs et les Romains; essayons d'étudier les Anglais et les Américains. Nous avons assez médité sur les ruines de l'antiquité classique : ouvrons enfin les yeux à la lumière du monde moderne. Élevons nos fils pour l'avenir, pour une société affranchie des préjugés de caste. Peut-être découvrirons-nous que l'intelligence n'a rien à y perdre, que tout changement de programme n'est pas une décadence, et qu'on peut, sans être un barbare, contester la vieille devise : « Hors de Rome point de salut ! »

CHAPITRE VII

LE GREC

J'essaierai de prouver que les langues anciennes doivent être rayées du programme de l'enseignement secondaire. Mais je sais combien cette thèse heurte les préjugés, les opinions, et ce qui est plus grave, les sentiments de la plupart des lecteurs, et je les prie de suspendre leur indignation jusqu'à ce qu'ils aient vu comment je remplace ce que j'abolis. Détruire est odieux, à moins qu'on ne reconstruise. Prenez donc patience et attendez que j'aie tout dit. Car mon dessein n'est point d'abaisser les études, sous prétexte d'utilité, ni de mettre l'instruction professionnelle à la place de la culture des esprits, ni d'imposer à l'Université le pénible devoir de ne fabriquer que des machines à gagner de l'argent. Ce que je propose, ou ce que je rêve, c'est un enseignement plus conforme aux besoins de notre temps, mais non plus dédaigneux de la beauté morale et de la poésie. Les défenseurs de la tradition se plaisent à jeter à la tête des réformateurs l'accusation de matérialisme, et leur reprochent de ne point aimer ce qui fait l'honneur et le charme délicat de notre civilisation. On jugera si je mérite cette imputation, mais je déclare dès maintenant que je la repousse de toutes mes forces, à peu près comme un novateur religieux repousserait l'imputation d'athéïsme ou d'impiété. Hérétique, si l'on veut, mais non pas impie.

Je parlerai peu du grec. Les gens de bonne foi reconnaîtront sans peine que l'étude de cette langue admirable et de cette littérature opulente est aujourd'hui réduite à si peu de chose, qu'il faut ou la fortifier ou la supprimer. Parmi les jeunes gens qui sortent de nos collèges, pas un sur dix n'est en état de lire un auteur grec même facile; pas un sur cent ne s'en donnera la peine. Il n'est rien qu'on oublie avec plus d'empressement. On lit peu de grec dans les classes, et il se trouve précisément que les écrivains grecs ne peuvent être goûtés que s'ils sont bien connus. Leur génie ne se révèle guère dans de minces fragments. Les uns sont si malaisés à entendre, qu'il faut pâlir sur leur texte pour en apercevoir les beautés; les autres ont composé des œuvres de longue haleine, qui ne souffrent point de mutilation. Un chant d'Homère, une scène de Sophocle, une courte narration d'Hérodote, un épisode de l'Anabase de Xénophon, un petit dialogue de Platon, ou un petit discours de Démosthènes ; tout cela ne donne une idée ni d'Homère, ni de Sophocle, ni d'Hérodote, ni de Xénophon, ni de Platon, ni de Démosthènes. Autant vaudrait étudier la forêt d'après un bosquet, l'Océan d'après une crique, les Alpes d'après une colline. Les poètes lyriques sont les seuls qui puissent entrer dans les compartiments étroits d'un recueil de morceaux choisis. Que deviennent l'épopée sans souffle, le drame sans péripéties, l'histoire sans vue d'ensemble, la philosophie sans système ! Sauf un petit nombre d'exceptions, les Grecs font des livres, non des pages, et les détails les plus parfaits de leurs monuments littéraires perdent la plus grande partie de leur valeur pour qui n'aperçoit pas les proportions et la perspective de l'édifice. Qui n'a lu d'eux que des extraits ne les a pas lus.

Quant à la langue elle-même, elle mérite à coup sûr la passion qu'elle inspire à ses rares amants, et Chénier a sans doute eu raison de dire qu'il n'en est point né de plus belle sur les lèvres humaines. Mais que de temps et de travail pour en pénétrer les profondeurs, pour en saisir les délicatesses ! Comme il faut l'avoir hantée et maniée pour en apprécier la souplesse et découvrir la variété infinie des nuances qu'elle offre à la pensée du plus noble des peuples ! A la rigueur, le latin s'accommoderait mieux d'une étude incomplète et rapide, car il est moins riche et moins divers, et l'on trouve parmi les Romains plus d'écrivains dont les chefs-d'œuvre puissent se découper sans trop déchoir.

Il y a plus de deux siècles que nous n'avons pu nous décider ni à sacrifier le grec, ni à lui faire une part honnête dans l'enseignement. L'ancienne Université le négligeait avec une indifférence sommeillante, et les plus fins critiques ont remarqué que l'ignorance des lettres grecques avait privé notre littérature classique, et surtout notre poésie, d'une inspiration qui l'aurait peut-être mieux garantie de la raideur et de la sécheresse. La défaite de Ronsard, d'ailleurs justifiée par ses excès, fut un malheur, et la tentative de Chénier vint trop tard; notre éducation était achevée quand il essaya d'en combler la plus vaste lacune. L'Université nouvelle a toujours ardemment souhaité de relever le niveau des études grecques; elle n'a pu y réussir; trop de nouveautés envahissaient les programmes. Si le dix-septième et le dix-huitième siècles ont donné si peu de temps aux grands hommes d'Athènes, pouvions-nous être plus heureux et plus libres, quand l'histoire et la géographie s'imposaient à nous, quand les sciences frappaient impérieusement à la porte?

Ce qui reste, ou plutôt ce qu'il y a toujours eu de grec dans l'enseignement secondaire n'est donc qu'une espérance, un je ne sais quoi qui sert à interrompre la prescription, une base sur laquelle on se flatte toujours d'élever plus tard un édifice. Aussi ne discuterons-nous pas s'il faut cesser d'apprendre le grec. On ne l'apprend pas; la question est tranchée par le fait. Ce n'est qu'à propos du latin que nous examinerons l'utilité des langues anciennes. Ici nous constatons l'impuissance de l'Université, et cela nous suffit. Dira-t-on que cette impuissance ne sera pas éternelle, que si on le voulait fortement, on triompherait de tous les obstacles? Mais c'est tourner le dos à la réalité; c'est s'engager à remonter un courant irrésistible. De toutes parts s'élève un concert de plaintes contre la torture où les programmes mettent la jeunesse. Le cerveau des écoliers menace d'éclater sous la pression de toutes les connaissances qu'on y verse comme avec un entonnoir, qu'on y enfonce comme avec un coin, et vous croyez que les hommes d'État, que les législateurs se décideront à restaurer les études grecques au collège ! Mais il faudrait pour cela aggraver le baccalauréat, et l'opinion publique réclame un allègement. Il faudrait prolonger le temps des études classiques, et les familles ont hâte d'en finir, les unes parce que l'enfant a besoin d'entrer dans l'apprentissage d'une profession lucrative, les autres parce qu'elles désirent qu'il devance l'appel pour être quitte de bonne heure envers les lois militaires, ou qu'il mérite la faveur d'un sursis en montrant qu'il a déjà commencé son droit ou sa médecine.

Il n'y a que deux catégories d'élèves en faveur de qui l'on puisse relever les études grecques : ceux qui se destinent à l'enseignement, et ceux qui n'auront jamais besoin de gagner leur vie. Disons quelques mots des uns et des autres.

Une inclination trop naturelle pousse les corporations enseignantes à prendre leur propre recrutement pour un des principaux objets de leurs efforts; les professeurs se souviennent d'eux-mêmes et pensent à leurs héritiers. Souvent les hommes qui célèbrent avec le plus de ferveur le culte désintéressé du beau, sont précisément ceux qui trouvent dans ce culte leurs moyens d'existence en même temps que leurs titres d'honneur. Ce n'est pas là une hypocrisie; rien n'est plus sincère que le sentiment qui nous porte à exalter notre vocation, comme à l'inspirer aux jeunes gens qui subissent notre influence. Il faut pourtant se défier de ce penchant; car on tomberait dans un cercle vicieux; les maîtres sont faits pour les études, et non les études pour les maîtres. Le clergé a trop cédé à la tentation d'élever les générations naissantes de manière à les attirer à l'autel. On sait combien les Jésuites se donnaient de peine pour écrémer leurs classes au profit de leur compagnie. Mais les maîtres n'ont pas le droit d'imposer à la masse de leurs auditeurs un enseignement qui ne profiterait qu'à leurs successeurs espérés. Si le grec ne sert à rien dans l'état présent des études, il n'importe à la République que les études soient conçues de façon à nous assurer des professeurs de grec. On commettrait une injustice envers la majorité si l'on faisait des classes le vestibule de l'École normale. Le recrutement du corps enseignant est un problème considérable, mais subordonné. Sachons d'abord ce que nous voulons qu'on apprenne aux enfants ; nous verrons après, mais seulement après, ce qu'il faut faire pour trouver des maîtres, et pour les former.

Quant aux jeunes gens à qui les faveurs de la Fortune assurent d'avance de longs loisirs, et une jeunesse exempte de tout souci intéressé, peut-être éprouveront-ils le besoin de vouer leurs plus belles années à la fréquentation des muses antiques. En attendant, nous ne voyons pas qu'ils profitent de leur liberté pour développer les germes que le collège a déposés dans leurs esprits.

Les Facultés des lettres n'ont guère pour audi-teurs assidus et laborieux, pour candidats aux grades universitaires, que des membres futurs de l'Université. Si nous ne préparons nos collé-giens qu'à suivre les Facultés des lettres, nous ne les préparons en réalité qu'à nous succéder : c'est de l'égoïsme corporatif, le plus excusable, mais aussi le plus dangereux des égoïsmes, parce qu'il se cache sous une apparence généreuse. Pour les enfants des riches, s'ils ne se destinent pas à une carrière lucrative, ils se destinent à jouir gaiement de la vie, et c'est perdre son temps que de les conduire à la porte d'un temple où ils n'entreront pas. Nous n'avons rien de pareil à ces Universités anglaises où la jeune aristocratie va chercher, sans arrière-pensée intéressée, une haute culture intellectuelle. Encore est-il permis de croire que les Universités anglaises ont un programme fort arriéré, que les Anglais d'aujourd'hui ne les inventeraient point si elles n'existaient par elles-mêmes, que les rois et les grands seigneurs qui les ont fon-dées et dotées se proposaient surtout d'assurer un clergé d'élite à une église d'État. Remarquons à ce propos que la défense des langues mortes

est bien plus facile dans les pays où l'enseignement public fournit au recrutement du clergé.
En France, ce sont les séminaires qui remplis-
sent cette tâche; ce n'est pas d'eux que nous
avons à nous occuper.

Ainsi le grec doit être ou restauré ou sacrifié.
Puisqu'on ne peut le restaurer, il faut bien le
sacrifier : sacrifice douloureux pour ceux qui se
sont élevés à force de labeur à l'intelligence des
beautés de la littérature hellénique, mais sacrifice
plus apparent que réel; la jeunesse n'y perdra
que des connaissances trop élémentaires pour
être fort utiles, une grammaire dont elle n'aborde
que les aspérités, et des chefs-d'œuvre dont elle
lit à peine quelques bribes. S'il était prouvé
que l'étude d'une langue morte fût nécessaire au
développement de l'esprit, il faudrait encore
démontrer que le latin ne suffit pas, et que deux
langues mortes valent mieux qu'une. On n'allè-
guera pas que le français vient du grec, ni que
notre littérature classique est toute pénétrée des
souvenirs de l'antiquité grecque. L'influence de
la civilisation qui florissait au temps de Périclès,
ne s'est fait sentir sur la nôtre que par l'inter-
médiaire des Romains.

Il est assurément superflu de réfuter l'argument tiré des étymologies grecques. Personne n'a besoin de savoir d'où viennent certains mots scientifiques pour savoir ce qu'ils veulent dire, et d'ailleurs l'étymologie serait parfois un guide ou trompeur ou insuffisant. On se sert du télégraphe et du thermomètre sans avoir fait ses études, et l'on pourrait lire Platon dans le texte sans deviner ce que c'est qu'une dose homœopathique ou une fermeture hermétique. Est-il nécessaire de savoir que prêtre veut dire ancien; chanoine, régulier; église, rassemblement, et diocèse, administration? Ou les mots venus du grec sont entrés dans l'usage commun, et on les comprend avant de pouvoir remonter à leur source, ou ils appartiennent au vocabulaire spécial d'une science, et l'on n'a besoin d'eux que quand on rencontre le fait ou l'idée qu'ils désignent; leur origine n'ajoute rien à leur valeur.

CHAPITRE VIII

LE LATIN

C'est ici que je sens toute la difficulté de ma tâche; s'attaquer au latin, c'est presque un sacrilège. « Sans latin, point d'enseignement secondaire. » Cet aphorisme n'est pas seulement en crédit; il a été jusqu'ici l'expression de la vérité. Les novateurs qui ont voulu se passer du latin n'ont pas su le remplacer; sur les ruines du temple consacré aux muses romaines, ils n'ont jamais construit qu'une école primaire plus ou moins agrandie, bien ou mal déguisée. Leurs tentatives ont fait tort à leurs idées; hardis démolisseurs et timides architectes, ils ont compromis la cause qu'ils soutenaient avec une vigueur si vite épuisée. Je n'oserais me hasarder sur leurs traces si je ne croyais que leurs échecs tiennent à l'insuffisance de leurs plans, et qu'ils auraient atteint le but s'ils l'avaient placé plus haut et plus loin.

On avouera d'ailleurs que l'Université n'a guère mieux réussi à conserver au latin sa place que les réformateurs à organiser sans lui un véritable enseignement secondaire. Depuis un demi-siècle les programmes sans cesse remaniés prouvent que les meilleurs esprits sont impuissants à concilier les exigences de la tradition avec les besoins de la société moderne. On ajoute et on retranche chaque jour, mais ce qu'on ajoute est surabondant sans être superflu, et ce qu'on retranche laisse des vides choquants. Diminuer la part des langues anciennes, c'est enlever à l'éducation classique son caractère. Mais ne faut-il pas sortir les langues vivantes de l'état d'abandon où elles sont restées jusqu'ici? On a pensé qu'avec de meilleures méthodes il serait possible de faire apprendre plus de choses en moins de temps. C'est ainsi que par un agencement ingénieux, les habiles logent dans un navire une cargaison bien supérieure à ce qu'on y ferait entrer si on empilait au hasard les balles et les caisses. Cela s'appelle l'arrimage, et c'est un art fort estimé des gens de mer. Mais le bâtiment ainsi bourré ne peut toujours porter qu'un certain poids de marchandises. Il ne suffit pas d'éviter l'encombrement : il faut aussi éviter la surcharge. Or on essaie bien d'arrimer les connaissances dans le cerveau de l'enfant ; encore doit-on craindre de dépasser le poids normal, et d'appesantir outre mesure cet esquif délicat. Les dernières réformes avaient pour objet de donner moins de temps au latin sans en affaiblir l'étude : il paraît démontré que les élèves sont bien arrivés à se donner moins de peine pour apprendre le latin, mais qu'ils en savent moins. Aujourd'hui c'est le retranchement qui est à la mode ; la pitié qu'inspirent les sujets de toutes ces expériences va décider les maîtres de la jeunesse à quelques sacrifices. Mais ces sacrifices seront douloureux s'ils sont suffisants ; on peut même prévoir qu'ils seront douloureux sans être suffisants, parce qu'on ne se décidera pas à examiner bravement cette question : A quoi bon enseigner le latin ?

Les arguments abondent sous la plume des défenseurs de la tradition, et ils ne se contentent pas d'argumenter; ils appellent l'éloquence au secours de la raison. Aussi a-t-on parfois quelque peine, quand on lit leurs plaidoyers émus, à dégager leur thèse des ornements oratoires dont ils l'embellissent. M. de Laprade, le plus fougueux peut-être des champions du latin, affirme que les adversaires du latin condamnent la société à vivre sans tradition et sans morale, conduisent la France à la barbarie et à la mort; il voit en eux des matérialistes, des athées, des révolutionnaires, des socialistes. Ces philippiques paraissent assez piquantes, lorsqu'on vient de lire soit la spirituelle brochure où Bastiat essaie de prouver que le baccalauréat est le père du socialisme, soit les diatribes que certains théologiens, au moins aussi catholiques que M. de Laprade, ont fulminées contre le paganisme universitaire. Toutefois l'Église, qui a juré de parler éternellement le latin, prend volontiers sous sa protection l'antiquité classique, comme la scolastique du moyen âge s'était emparée d'Aristote. Elle redoute moins pour la foi le poison éventé des lettres païennes que la contagion bien autrement pénétrante des hérésies modernes.

Faisons abstraction de la rhétorique et des

injures, et tâchons de résumer les arguments de nos contradicteurs. Ils disent :

Que l'étude d'une langue ancienne est une excellente gymnastique pour l'esprit des enfants;

Que la connaissance du latin est indispensable à qui veut bien savoir le français;

Que la fréquentation des grands hommes et des grands écrivains de l'antiquité forme l'esprit et le cœur;

Que la civilisation moderne étant fille de la civilisation gréco-romaine, la meilleure culture qu'on puisse donner aux générations nouvelles est celle que nous empruntons à nos maîtres.

Prenons ces arguments corps à corps, l'un après l'autre, et voyons s'ils sont aussi solides que nous le fait supposer l'habitude de les entendre et même de les répéter.

Il est vrai que l'étude des langues convient à l'enfance. Elle met surtout en jeu la mémoire, et l'on ne saurait trop demander à une faculté qui, dès le plus jeune âge, se montre dans toute sa force. Dans certains pays bien plus qu'en France, les langues vivantes s'apprennent presque aussitôt que la langue maternelle; la gouvernante étrangère reçoit son élève des bras de la nour-

rice, et il ne paraît pas que le cerveau soit accablé par ces acquisitions précoces. Ce n'est pas
l'instruction qui produit alors la fatigue, c'est
l'attention prolongée. Ce qu'il faut éviter, ce sont
les longs circuits de raisonnement. Votre disciple
vous suivra fort loin, et même assez vite, pourvu
que vous lui permettiez de marcher pas à pas,
que vous ne l'obligiez pas à saisir à la fois toute
une chaîne de propositions. Mettez un mot étranger sous un mot français; faites-lui remarquer
peu à peu les différences et les analogies du
vocabulaire et de la phrase, mais sans pédantisme, sans abstraction, sans métaphysique, sans
grammaire en un mot. Rien de plus pénible et
de plus inutile que cette initiation des enfants
aux mystères baroques de la syntaxe et de
l'analyse, et plût à Dieu qu'on pût débarrasser
l'orthographe française de toutes les règles dont
on l'a affublée! Je ne sais si un jour viendra où
l'on écrira comme on prononce; à vrai dire on
ne peut concevoir sans quelque effroi l'idée de
Corneille et de Bossuet accommodés à la façon
des novateurs de l'alphabet. D'ailleurs il y a dans
l'harmonie de notre langue des délicatesses, des
nuances, des demi-tons qu'une notation quasi-

algébrique ne tarderait pas à supprimer. Mais on peut souhaiter hautement que nos descendants reviennent au bon sens de nos pères, et cessent de juger les gens sur leur orthographe. Les grands écrivains du XVIe, du XVIIe, du XVIIIe siècle même, faisaient bravement des fautes qui nous sembleraient grossières. Il appartenait à notre âge d'élever ce genre de correction à la hauteur d'un dogme, et d'assujettir non seulement l'âge mûr, mais l'enfance la plus tendre à l'observation de ces règlements vexatoires, qui semblent avoir été rédigés par des bureaucrates hommes de loi. Peut-être l'étude des participes nous prépare-t-elle à comprendre les subtilités de la chicane et les puériles exigences de l'administration nationale; mais pourquoi nous préparer si tôt?

Les langues vivantes, enseignées par l'usage, et aussitôt qu'on le peut, par la lecture, n'imposent pas aux jeunes élèves une fatigue excessive. Il n'en est pas de même du latin. Ici tout change subitement : les mots, les tournures, les façons même de penser. La déclinaison et la conjugaison défendent l'entrée de l'idiome qu'il faut apprendre, comme deux lignes de fortifications. On va de plain-pied du français à l'anglais, à l'allemand, à l'italien; on peut presque calquer la traduction sur le texte. On n'aborde pas le latin sans avoir traversé les broussailles de la grammaire; avant d'avoir affaire aux mots, on est forcé de pâlir sur les formes, c'est-à-dire de commencer par des abstractions.

C'est là ce qu'on appelle une gymnastique. L'abbé Galiani soutenait que le véritable objet de l'éducation était d'apprendre aux futurs hommes à supporter deux choses : l'injustice et l'ennui. Le latin remplit au moins la moitié de ce programme. Mais bien d'autres labeurs atteindraient le même but. Et quels sont donc, après tout, les fruits de cette gymnastique? Voyons-nous que l'esprit en devienne plus agile et plus fort? Sans doute, les intelligences d'élite résistent le plus souvent à ce régime cruel, et l'on a éprouvé à l'épreuve qu'on leur a fait subir la vigueur qu'elles conservent malgré tout. Mais la majorité des écoliers n'y gagne qu'une sorte de courbature morale et d'incurable déformation.

Mesurez, si votre mémoire et votre imagination vous permettent d'embrasser un si vaste espace, mesurez l'immensité du temps et de la peine que vous a coûtés l'acquisition des règles de la grammaire latine, de la huitième à la rhétorique ; et combien de rhétoriciens sont fort mal initiés aux mystères dont Lhomond est le triste hiérophante ! Je ne parle pas de la littérature ; nous y viendrons. Après tout, l'épreuve du baccalauréat ne porte guère que sur la connaissance des formes et des règles grammaticales, si pauvre est le bagage de mots, d'idées et de souvenirs qu'il faut posséder pour passer le défilé, pourvu qu'on mette les cas et les modes à peu près à leur place ! Pour arriver à cette médiocre virtuosité dans l'art du thème, que d'exercices fastidieux, que de faux pas multipliés contre les mêmes pierres d'achoppement, que de retours en arrière sur une route hérissée de ronces, coupée de fondrières ! Qu'est-ce donc que cet assouplissement qu'il faut payer si cher et qui aboutit, dans l'immense majorité des cas, à un invincible éloignement pour le genre de travail auquel on nous a soumis ? Est-ce que la gymnastique du corps nous donne le dégoût des exercices athlétiques ? Est-ce que l'empressement des bacheliers à brûler leurs dictionnaires ne prouve pas que le but est manqué, et que l'esprit ne s'est nullement plié aux études qu'on lui a imposées ? Ceux qui vont plus loin, ceux qui, par vocation ou par goût, profitent de la connaissance des langues mortes pour se familiariser avec les classiques anciens, ne sont pas bons juges en cette affaire, à moins que, par un effort d'imagination, ils ne consentent à sortir d'eux-mêmes pour se mettre à la place de leurs camarades.

Certes, les humanités ont un charme infini ; le fruit est d'une exquise saveur pour qui a dépassé l'écorce ; mais combien la dépassent ? Une seule chose pourrait justifier le labeur écrasant des débuts, ce serait la pleine possession et l'entière jouissance des antiques chefs-d'œuvre ; c'est précisément ce qui manque à la foule des sujets. On sort trop tôt du collège, et les dernières années du collège sont trop remplies pour qu'on ait le temps de lire. C'est parce que le couronnement des études latines manque aux dix-neuf vingtièmes des élèves, qu'on a imaginé, assez tardivement d'ailleurs, cette théorie de la gymnastique intellectuelle, à peu près comme si l'on disait que dix ans de gammes forcées ont leur prix, abstraction faite de la musique. Nos aïeux, pour qui le latin était une langue presque vivante, riraient de la modestie avec laquelle nous avouons qu'il est fort utile pour nous d'apprendre péniblement ce que nous consentons à ne jamais bien savoir, et que nous avons besoin du rudiment pour assouplir nos intelligences rebelles.

Il est un aphorisme dont on nous a tous lapidés au sortir du collège, car il fait merveille dans les discours de distribution de prix, et c'est une des maîtresses pièces de la philosophie de Joseph Prud'homme : « Vous ne savez rien encore, dit-on aux jeunes bacheliers ; vous avez seulement appris à apprendre. » On ne saurait porter un jugement plus sévère sur les études dont on prétend faire l'éloge ; la sévérité va même ici jusqu'à l'injustice.

Quel adieu de l'Université aux jeunes gens qu'elle a si longtemps tenus sous le joug. Mes enfants, vous ne savez rien ! Un jeune homme de dix-huit ans aurait le droit de maudire ses maîtres s'il découvrait que pour prix de dix années de captivité on ne lui a donné que des habitudes : lesquelles ? l'habitude de perdre son temps avec assiduité, de casser laborieusement des noix vides, de tourner la meule pour ne produire que du son ; l'habitude de travailler sans comprendre pourquoi, d'obéir à un usage que rien ne justifie à ses yeux, de piétiner le chemin battu sans deviner où il mène, meilleure méthode pour former des moines que des hommes. Heureusement cette phrase désolante n'est pas exacte ; l'éducation qu'on reçoit au collège n'est pas si formelle qu'il ne s'y mêle un peu de réalité.

D'ailleurs on ne conteste point que la grammaire latine impose à l'écolier de huit ou dix ans un véritable effort, et il est bon qu'il s'endurcisse un peu. Ce qui nuit, c'est que le fruit de cet effort n'apparaît pas, ou apparaît trop tard. C'est à l'âge viril qu'il appartient de travailler rudement en vue d'un avenir lointain. Si vous avez affaire aux enfants, ne mettez pas le but trop loin du point de départ, ne séparez pas la moisson des semailles par un intervalle d'un lustre ou deux. Ils comprennent aisément l'utilité des langues vivantes, parce qu'il leur arrive parfois de les parler, et aussi parce qu'on les parle autour d'eux. De bonne heure, ils sont séduits par l'idée de voyager. La géographie et l'histoire les amusent s'ils ont de bons maîtres et de bons livres. Les sciences mêmes ne les rebuteraient pas entièrement, s'il n'était pas si difficile de leur en montrer les éléments sans les fatiguer. Ils ont déjà de la vie réelle une vue assez nette pour se préparer sans répugnance à y jouer leur rôle, pourvu qu'ils aperçoivent le lien qui unit leur travail présent à leur carrière future. On peut beaucoup obtenir d'eux par l'instinct d'imitation. La nature a voulu que l'apprentissage fût facile et que les enfants prissent plaisir à imiter leurs parents, même au prix d'efforts assez rudes ; leurs jeux mêmes ne sont pas autre chose qu'une libre représentation des travaux dont ils sont témoins. Une éducation idéale mènerait l'homme jusqu'à la virilité à travers une longue série d'exercices où il ne perdrait jamais de vue l'objet de son labeur et la règle de son développement, et se formerait lui-même sur le modèle des devanciers les plus estimés. Le petit séminariste qui sert la messe en latin, et qui voit ses maîtres vivre dans un monde tout latin, suit la nature en s'appliquant à l'étude d'une langue qui résonne sans cesse à ses oreilles ; autour de lui on pense, on aime, on prie dans cette langue. Mais l'éducation laïque met un abîme entre la classe et la vie ; ni dans l'avenir, ni dans le présent, le collégien n'aperçoit rien qui le ramène à ses cahiers.

L'enfant qui ouvre pour la première fois la grammaire latine, et qui engage avec les déclinaisons sa première bataille, ne saurait entrevoir les résultats utiles ou agréables du travail qui lui est infligé, à moins qu'il ne soit élevé au milieu des prêtres. Aussi se lance-t-il dans cette voie douloureuse par un acte d'obéissance et de foi. Pour le soutenir, il faut sans cesse le piquer d'émulation. Le but de ses études est vague et obscur : ce n'est plus l'instruction qu'il cherche, c'est le succès. Personne autour de lui ne parle, n'écrit, ne lit le latin. Qu'il se propose de mériter des couronnes ou de gagner un diplôme, il ne perçoit aucune relation directe entre ses efforts et le prix dont ils seront payés. Il entre ainsi dans le domaine du factice et du convenu. Il apprend que la société attache de précieux avantages à un mérite dont l'utilité n'apparaît point. Certes la curiosité est une noble passion : c'est une belle chose que de savoir pour savoir. Mais le rudiment et le thème n'excitent pas la curiosité ; ce n'est pas la science désintéressée que les études classiques offrent à leurs adeptes, au moins dans le début, et le début est bien long ; c'est la science considérée comme une clef qui ouvre la porte des emplois, et rien de plus. Les connaissances qu'il s'agit d'acquérir sont nécessaires, l'enfant le sait déjà ; sont-elles fécondes ? il l'ignore, et l'indifférence du monde qui l'entoure doit l'engager à croire qu'elles sont par elles-mêmes stériles.

Admettons cependant qu'il y ait là une gymnastique fortifiante et salutaire. Il restera à décider si les exercices intellectuels ne peuvent pas avoir un objet mieux choisi, si les langues vivantes n'offrent pas assez de difficultés à vaincre, et de difficultés mieux graduées, plus aptes à stimuler le cerveau sans le fatiguer outre mesure. Dans une classe élémentaire de trente élèves, il y en a trois ou quatre qui prendront goût à la grammaire latine comme ils prendraient goût à toute autre étude. Le reste se sent livré, pour dix ans, à une épreuve pénible, entre au collège comme dans une prison inévitable, dont on ne supporte les rigueurs que parce qu'elles sont fatales et communes. On remarque souvent une différence affligeante entre l'ardeur que les enfants mettent à apprendre, quand on ne les surmène pas, et la morne docilité avec laquelle l'écolier se traîne dans le sentier rocailleux des leçons et des thèmes. La prétendue gymnastique du latin les a énervés.

On dit que la connaissance du latin est nécessaire à qui veut bien savoir le français. Voilà encore un de ces arguments modernes qui trahissent la désuétude des bonnes et vieilles raisons. Ce sont des branches où l'on se cramponne quand on perd pied. A qui fera-t-on croire qu'il faille étudier une langue morte pendant dix ans pour bien parler une langue vivante, la langue maternelle ? Croyez-vous qu'Homère sût le sanscrit, l'aryen primitif, et que Cicéron fût versé dans la science des origines du latin, lui qui propose sans sourciller des étymologies si baroques? Il n'y a pas de langue qu'on ne puisse connaître par elle-même. Comparez le style d'un bachelier ordinaire avec celui d'une femme d'esprit.

Ces champions de la tradition qui font valoir, faute de mieux, la généalogie du français, n'ont qu'un goût médiocre pour la méthode historique. Ce n'est que de nos jours qu'on s'est avisé d'enseigner aux écoliers comment s'est accomplie la transition, comment la persistance de l'accent tonique explique le raccourcissement des mots et des formes grammaticales, comment on peut distinguer un vocable de dérivation populaire et un vocable de dérivation savante.

On n'a jusqu'ici mis en présence que le latin du siècle d'Auguste et le français du siècle de Louis XIV; les anneaux intermédiaires étaient supprimés et oubliés. Le français du moyen âge était complètement ignoré de Boileau et de ses contemporains. On ne savait pas que notre pays a eu sa littérature, ou du moins sa poésie nationale, avant les Italiens et les Allemands, que les Minnesinger d'Allemagne ont imité nos trouvères, et que Dante nous devait beaucoup. Malherbe, qui voulait qu'on demandât des leçons de français aux crocheteurs du Port-au-Foin, voyait plus juste que les professeurs. Mais les crocheteurs ne se sont pas formés à l'école de Tite-Live et d'Horace.

Ce qu'il nous importe de connaître, ce n'est pas la valeur d'un mot sous les consuls ou les empereurs, c'est son histoire depuis la naissance de la langue jusqu'à nos jours. Le dictionnaire de Littré vaut mieux que le dictionnaire latin. Pour les érudits, le Glossaire de la moyenne et basse latinité, par Du Cange, est infiniment plus précieux que le vocabulaire de Cicéron.

Les termes que nous avons empruntés au latin classique n'offrent guère de difficultés. Pour qui voudrait faire l'inventaire de nos richesses, bien d'autres sources sont à consulter. La théologie chrétienne, les Pères de l'Église, la scolastique, le droit féodal, le blason même ont beaucoup à nous apprendre ; bien plus encore les métiers manuels. Une langue est un fleuve qui se dessècherait si une multitude d'affluents n'y venaient l'un après l'autre jeter leurs eaux. Les sciences physiques et naturelles, le dialecte parlementaire, l'idiome des beaux-arts, grossissent de nos jours le français, non sans le troubler un peu. Ce qui nous vient du latin par la vraie tradition, c'est-à-dire par la tradition populaire et naïve, ce qui est le fond et le corps de la langue, le métal pur et précieux de l'alliage sans cesse changeant, nous le tenons de nos mères et de nos nourrices. Ce que nos classiques y ont ajouté en imitant l'Antiquité, nous le trouverons bien chez eux, si nous avons le temps de les lire. S'il y a des phrases de Montaigne et même de Bossuet dont la beauté nous échapperait faute de comprendre Sénèque et Tertullien, c'est que le français de Montaigne et celui de Bossuet ont un peu vieilli ;

nous n'avons que faire des mots que nous ne comprenons pas sans effort ; ce sont peut-être des médailles à admirer dans un cabinet, plaisir d'amateur et de curieux ; ce ne sont pas des pièces de monnaie qui servent à la circulation. Veut-on nous engager à ressusciter dans nos écrits les belles tournures du grand siècle ? Veut-on arrêter par la fréquentation forcée des classiques la décadence ou la transformation du vocabulaire ? Ce serait beaucoup de remonter seulement jusqu'à Voltaire et Rousseau. Mais ne formons pas de vœux chimériques. On ne peut pas régler l'ordre du jour d'une Assemblée dans le style de Voiture, ni discuter une question économique de façon à ne pas choquer une seule fois l'oreille de Boileau, s'il revenait au monde. Ceux qui se piquent d'un certain archaïsme croient chausser les souliers des maîtres parce qu'ils glissent çà et là un « Encore que » ou un « Que si », parce qu'ils enchâssent dans leur prose à la mode du jour cinq ou six expressions dérobées par des fouilles laborieuses aux décombres du Dictionnaire. Ces hardiesses rétrospectives ont leur charme sous la plume d'un maître ; elles ne sont que choquantes chez les écrivains médiocres. Plutôt les souvenirs du Port-au-Foin que les souvenirs du collège qui sentent le collège. Faut-il que toute la jeunesse perde son temps pour que quinze ou vingt faiseurs de livres ou d'articles fassent voir qu'ils ont été forts en thème, et emportent dans la vie un petit bagage d'élégances surannées?

L'enseignement secondaire a mission de former des hommes cultivés, et non des hommes de lettres. Il n'y a que trop de vocations littéraires sur le pavé. Mieux vaudrait encore créer un Conservatoire pour l'art de la plume comme on a fait pour les ténors et les pianistes, que de vouer les Français par dizaines de mille à une étude dont le plus beau résultat serait de retarder la chute de quelques douzaines de mots fanés.

Je ne dispute pas au latin sa place dans une étude historique de la langue française, mais je nie qu'il soit nécessaire de bien savoir le latin pour bien comprendre le français; je nie que Lhomond défende efficacement notre littérature contre la décadence. Sans doute il est bon que l'éducation universitaire entretienne en France un public éclairé, capable de lire et de juger les œuvres de l'esprit. Mais il s'agit ici de savoir si cette éducation doit reposer éternellement sur la base des langues anciennes, et non si elle doit conserver un caractère suffisamment littéraire.

Nous reviendrons sur ce dernier point et nous aurons à parler de la culture intellectuelle. En attendant, il est permis de contester que le latin soit la clef indispensable et unique du français. Singulière contradiction : on s'appuie sur la différence des deux langues pour vanter la gymnastique qu'on fait subir aux écoliers en passant de l'une à l'autre, et sur la ressemblance pour faire de l'une l'explication de l'autre. Peut-être serait-il bon de choisir.

La thèse de nos adversaires est plus spécieuse quand ils affirment que la connaissance des lettres anciennes sert à nous faire apprécier tout le mérite des classiques français. Jusqu'à la fin du XVII° siècle ceux-ci ont beaucoup traduit et beaucoup imité ; pour savoir s'ils ont réussi, il faudrait posséder l'original. Mais l'argument n'a qu'une valeur apparente. Nos pères ont doctement pillé les Grecs et les Romains ; ils ont dû pour cela faire de longues excursions sur le domaine de l'Antiquité. Mais s'ils en ont rapporté d'assez riches dépouilles, s'ils ont su recoudre les lambeaux qu'ils empruntaient, s'ils ont bien choisi et bien reproduit leurs modèles, nous avons moins besoin des modèles. Il est bon d'aller à l'école, il n'est pas bon d'y vieillir. La littérature française a fait ses classes, mais elle les a finies. Sans Euripide, Racine ne serait peut-être pas Racine. Faut-il avoir lu Euripide pour goûter l'exquise harmonie des vers de Racine et la touchante délicatesse des sentiments qu'expriment ses personnages? Iphigénie nous touche et Phèdre nous émeut sans que nous ayons besoin de nous souvenir du poète grec, et Schlegel nous gâtera notre émotion quand il viendra nous démontrer pesamment que l'imitation est restée au-dessous de l'original. Boileau est assez pédant sans qu'on l'accompagne d'un commentaire perpétuel tiré d'Horace et de Juvénal. Montaigne ne nous fait pas lire Sénèque et Plutarque; il nous en dispense; encore se dispensait-il lui-même de Plutarque: il se contentait d'Amyot. Bossuet brille d'un tel éclat qu'il fait pâlir ses auteurs; la Bible même perd à n'être pas traduite par lui. Il semble que le Télémaque ait été écrit pour les gens qui avaient le malheur d'ignorer Homère et Sophocle. Est-ce que La Fontaine nous oblige à faire connaissance avec l'élégante sécheresse de Phèdre et la prosaïque vulgarité du pseudo-Esope?

S'il le fallait, après tout, on essaierait de former l'esprit de la jeunesse à l'aide des seuls classiques français qui soient entièrement originaux, ou qui ne doivent que fort peu de chose à l'antiquité. La liste en serait encore assez belle : Corneille, Pascal, La Rochefoucauld, Retz, Molière, Madame de Sévigné, La Bruyère, suffiraient encore à représenter honorablement le grand siècle. Avec Le Sage et Saint-Simon, nous entrons dans l'ère moderne, et les muses françaises ont décidément quitté le collège. Mais un tel sacrifice n'est nullement nécessaire; on fait injure aux Racine et aux Bossuet quand on prétend qu'ils ne peuvent se montrer à nous qu'avec un cortège de grammairiens et de commentateurs, portefaix chargés d'une bibliothèque grecque et latine. Ils se passent bien de tout cet attirail. Donnez au tragique une Rachel, il vous fera grâce des docteurs. Et si l'on avait coutume de redire les vieux sermons, ce qui vaudrait bien tant de plates improvisations, j'imagine qu'un sermon de Bossuet ferait encore bonne figure à Notre-Dame devant un auditoire vraiment chrétien.

Mais laissons la langue de côté, et attaquons-nous au maître argument des humanistes : l'étude des lettres anciennes est selon eux un puissant moyen d'éducation. Ici encore il faut diviser, et distinguer l'éducation morale de l'éducation intellectuelle.

Est-il vrai que la fréquentation des Grecs et des Romains soit particulièrement propre à former des hommes et des citoyens? On l'a souvent affirmé, mais jamais autant qu'à l'époque où la culture littéraire était aussi faible que générale. Pendant la seconde moitié du dix-huitième siècle, tous les enfants de la noblesse et de la bourgeoisie apprenaient le latin, mais presque tous l'apprenaient mal; quant au grec, il vaut mieux n'en point parler; ce n'est pas le fort de l'ancienne Université. La génération qui a fait la Révolution française sortait du collège, et on ne lui reprochera certes pas d'avoir manqué d'énergie et de courage civique. Toutefois, quand on voit quelles défaillances suivirent les convulsions de la Terreur, et combien de Jacobins se firent

courtisans, on est tenté de conclure que ce sont
les événements qui ont créé les acteurs, et non
les acteurs qui ont produit les événements. Il y
eut une contagion et comme une épidémie de fougueuse éloquence, d'héroïque fureur, de mépris
de la mort. Un vent soufflait qui trempait toutes
les âmes; puis le vent tourna, et une atmosphère
plus tiède amollit les courages. Si Athènes, Rome
et Sparte furent à la mode, c'est parce que les
passions soulevées avaient besoin de rhétorique;
elles prirent celle que l'instruction banale du
temps mettait à leur disposition. Les tribuns se
servirent de Plutarque comme les Têtes-Rondes
s'étaient servis de la Bible; on parla de Brutus et de Timoléon comme les compagnons de
Cromwell parlaient de Gédéon et de Jéroboam.
Encore y a-t-il cette différence que les puritains
connaissaient réellement la Bible, tandis que les
Jacobins n'avaient sur l'antiquité que des notions
vagues et fausses, comme leur maître Rousseau.
Quand les hommes se sont mis en tête de tout
bouleverser, ils sont presque contraints pour se
faire écouter de placer leurs idées sous le patro-
nage de quelques grands noms et d'une grande
époque : la raison, l'intérêt, la passion ne suffi-

raient pas sans le prestige de l'autorité. Mais
aujourd'hui, la théorie du progrès a diminué ce
prestige, et d'ailleurs la Convention fournit assez
d'exemples et de phrases pour qu'on n'ait pas
besoin de remonter plus haut.

C'est pour nous un grand malheur que les
pères de notre liberté et les prophètes de notre
religion politique aient attaché tant d'importance
aux bribes d'érudition classique qu'ils tenaient
des Jésuites et de leurs imitateurs. Comme la
forme emporte toujours un peu le fond, nous
sommes devenus les disciples des gens dont
nous endossions la défroque. Or les Grecs et les
Romains sont pour nous de détestables professeurs de politique. Leur notion de liberté était
passablement étroite, et ils ne soupçonnaient pas
le régime représentatif, seul possible chez un
peuple qui ne tient pas dans l'enceinte d'une
ville. Ils sacrifient , individu à l'État, tiennent
peu de compte des droits de la famille, ignorent
la liberté de penser, et même la liberté de vivre
à sa guise. Les meilleurs d'entre eux prêchent
les lois somptuaires, l'éducation mécanique et
uniforme, la vertu imposée, l'égalité envieuse
et la fraternité théâtrale. Si l'enseignement

secondaire avant 1789 avait été fondé sur l'étude des langues vivantes, et non des langues anciennes, les hommes de la Révolution auraient mieux connu Ludlow et Hampden, Guillaume Penn et Washington, ils auraient moins parlé de Caton et d'Aristide, et les événements auraient peut-être pris un autre cours. Peut-être eût-on prévu le Cromwell français et la Restauration; au moins est-il permis de croire que la tradition révolutionnaire serait chez nous plus libérale, et que nous n'aurions pas à lutter contre la superstition jacobine. Mais il faut nous défier d'une digression trop tentante.

Si nous consultons l'histoire des derniers siècles, nous verrons que la culture classique ne mérite ni d'être tant glorifiée ni d'être tant honnie. Le clergé catholique, maître absolu de la jeunesse, n'a fait des anciens que des professeurs de rhétorique. Il a gardé pour lui l'enseignement moral, demandant seulement à Sénèque des phrases, à Plutarque des attitudes. Est-ce que les élèves des Romains n'ont pas été, de la Renaissance à la veille de la Révolution, les moins romains des hommes? Quand on songe que les écrivains du siècle de Louis XIV, ces

incomparables flatteurs, traînaient dans les anti-
chambres de Versailles les plus beaux souvenirs
du Pnyx et du Forum, on se demande s'il est
vrai que l'éducation intellectuelle ait quelque
influence sur les caractères. Les anciens nous
apprennent bien la révolte contre un tyran, non
la résistance aux excès d'un souverain légitime.
Aussi la politique de Plutarque était-elle aussi
inoffensive que sa religion. On admirait ses héros
comme les dieux de l'Olympe, sans plus penser
à imiter les uns qu'à adorer les autres. Pour
donner des âmes de citoyens à des gens qui
devaient rester sujets, pour mettre sous leurs
yeux des exemples utiles, ce n'est pas Tite-Live
qu'il eût fallu faire lire aux écoliers, mais le brave
Mézeray. Dans l'empire des tsars, les champions
du pur despotisme tiennent pour les programmes
classiques, et ont plus peur d'Adam Smith que
de Cicéron.

Les Romains savaient bien que l'introduction
des lettres grecques à Rome n'était pas faite
pour relever les mœurs privées et politiques. Ils
ne demandaient pas à Socrate lui-même de leur
enseigner la vertu : ils ne comptaient pour trem-
per les âmes que sur l'exemple des ancêtres et les

leçons du foyer. Quand ils ont emprunté le stoï-
cisme à leurs voisins pour en faire une doctrine de
protestation contre l'abaissement commun, ils l'ont
transformé à leur usage ; ils ont presque entièrement laissé de côté les subtilités dialectiques et
les rêveries physiques de Chrysippe pour ne
s'attacher qu'à la morale, qu'ils faisaient plus
virile et plus latine. Mais en même temps Auguste attachait les Muses à son char, et lavait
ses mains avec la plus pure eau d'Hippocrène.
Dans le drame anglais, lady Macbeth ne peut pas
effacer la tache, tandis que l'histoire nous montre dans le fondateur de l'empire romain le pros-
cripteur, le parjure et le père des lettres. Horace
en fait un dieu, après avoir jeté son bouclier à
Philippes, et le tendre, le pieux, le divin Virgile,
Virgile enrichi, hélas ! ramasse en quelques vers
admirables toutes les vertus de l'ancienne Italie,
toutes les gloires de la république romaine, pour
les jeter aux pieds du meurtrier voluptueux qui
donna des fers à sa patrie, la paix au monde, et
de l'argent aux poètes.

Ce sont là des banalités et des lieux communs,
je le veux bien. Mais l'éducation morale de la
jeunesse par la littérature gréco-romaine est

aussi un lieu commun et une banalité : les armes sont égales. « Je n'aime pas, disait un jour Montalembert à un jeune homme, les théoriciens de servitude. » Dans le fougueux plaidoyer où il accuse les ennemis du latin d'abolir la morale, M. de Laprade oublie de réfuter cet argument d'un homme qui méritait d'être son ami par sa foi politique et par sa foi religieuse autant que par une certaine âpreté de rhétorique. Comme théoricien de servitude, Horace ne laisse rien à désirer, et ce n'est pas par la pureté de ses mœurs qu'il rachète les faiblesses de sa vie publique. On lui doit quelques maximes d'une sagesse fort humaine, exprimées dans une langue souvent prosaïque ; y a-t-il là de quoi envoyer la jeunesse à son école ? Ce n'est pas sans quelque embarras que les écoliers concilient toutes les admirations qu'on leur impose, et il semble parfois qu'on veuille leur enseigner la morale du succès et du plaisir. Mais pour cela il n'est pas besoin de si longues études ; le spectacle des choses humaines suffit ; l'épicurisme peut se passer des langues anciennes : l'arithmétique ou la tenue des livres feraient aussi bien son affaire.

Non, l'étude des anciens n'est pas une grande

leçon de morale, c'est bien plutôt une grande leçon de rhétorique et de scepticisme et c'est par
là que les hommes de 93, qui ont toujours les
Grecs et les Romains à la bouche, trahissent l'insuffisance de leurs études ; ils ont imité grossièrement l'élégante rhétorique de ceux qu'ils
croyaient leurs maîtres ; ils n'ont rien compris
au scepticisme qui serait la conclusion d'une
bonne éducation classique, si les hommes, et surtout les jeunes gens, avaient l'habitude de conclure. Le vrai résumé de la littérature romaine,
c'est le *Conciones,* ce recueil merveilleux de ha-
rangues symétriquement opposées, de plaidoyers
pour et contre, qu'on a retiré des mains des écoliers, sans doute pour ne pas les dégoûter de la
lecture des comptes rendus parlementaires ; mais
on a ainsi décapité la rhétorique.

Ce n'est pas que la rhétorique soit un art aussi
méprisable qu'on a coutume de le dire. Les anciens en avaient fait, non pas une collection de
menus préceptes et de recettes puériles, mais un
inventaire savant et ingénieux des passions et des
sentiments que mettent en jeu la vie politique et
les débats judiciaires, et que l'orateur excite ou
apaise selon l'intérêt de la cause. On trouve dans

les grands traités de Cicéron et de Quintilien
toute une psychologie qu'il serait injuste de mé-
priser sous prétexte qu'elle risque d'être utile à
qui la possède. Les petits manuels décharnés et
futiles dont se contentait naguère notre enseignement classique, et qu'on a sagement jetés au
panier, ne donnaient qu'une bien faible et bien
fausse idée des travaux des anciens. Nous
n'avons pas le droit de dédaigner une étude que
les plus grands hommes d'Athènes et de Rome
ont jugée digne de toute leur application. Mais
nous pourrions la recommencer en cherchant
plus près de nous nos modèles et nos sources.
Dans ses brillants essais sur l'éloquence de la tri-
bune, Villemain a frayé la voie aux modernes
que pourrait tenter cet ample sujet. Il semble que
l'art oratoire soit presque sorti du domaine de la
critique littéraire ; on pourrait l'y faire rentrer, et
demander à l'analyse des maîtres de la parole au
XVIIIe et au XIXe siècles les éléments d'une rhétorique rajeunie. Les esprits cultivés de notre
temps, que leur éducation rend assez propres à
bien juger d'un poème, d'un roman et d'une
pièce de théâtre, sont trop souvent incapables
d'apprécier une harangue autrement qu'à la lu-

mière de leurs convictions personnelles et de leurs préjugés. Nous vivons dans une démocratie où la rhétorique pratique joue un si grand rôle, que la théorie ne doit pas être écartée sans examen. Mais peut-être est-ce plutôt à l'enseignement supérieur qu'il appartient de lui faire sa part. Nos Facultés ont des chaires d'éloquence grecque et latine ; elles en pourraient avoir d'éloquence anglaise et française ; un professeur qui unirait au sentiment littéraire la connaissance de l'âme humaine et des ressorts qui meuvent les assemblées, trouverait aisément la matière d'un cours intéressant et neuf. Mais revenons à nos écoliers.

Plus on y réfléchit, moins on comprend pourquoi les lettres anciennes auraient le privilège de former le cœur des jeunes gens. Quand les esprits et les volontés pliaient sous l'autorité de l'Église, quand l'État n'était qu'une hiérarchie d'inégalités couronnée par le despotisme, les républiques de l'antiquité offraient du moins aux enfants le spectacle d'une activité plus libre. Encore l'histoire ne nous apprend-elle pas que ce spectacle ait été très fécond. Mais, depuis cent ans, il n'est pas nécessaire de remonter si loin pour voir des ples et peu des citoyens à l'œuvre, et nous avons sous la main assez d'exemples qui nous touchent. Sans doute, le vulgaire imagine chez les héros en toge une grandeur et une perfection qu'il ne prête pas volontiers aux héros en frac. Mais c'est le vulgaire qui pense ainsi. Dès qu'on pénètre dans l'étude des personnages de Plutarque et de Tite-Live, on aperçoit en eux des taches aussi grosses que chez nos contemporains. On les trouve vicieux et inégaux, et leurs vertus ne sont pas toujours attrayantes. On découvre chez Caton l'Ancien une avarice grossière et inhumaine, chez Brutus un scepticisme élégant qui n'exclut pas plus la cupidité que la douceur. Démosthène n'était pas incorruptible; Cicéron était vain et souvent faible. Comparez Thémistocle et Condé, Scipion Emilien et Wellington, Scipion l'Africain et Hoche, les Gracques et Mirabeau, et vous verrez que les modernes ont souvent l'avantage sur les anciens. Si Tite-Live nous manque, nous trouvons presque autant de grandeur dans l'épopée que Thiers a racontée, avec moins d'élégance de style, mais avec plus d'exactitude dans le récit et de vérité dans la critique. Le tableau si émouvant des désastres de l'expédition de Sicile, dans Thucydide, ne fait point pâlir le récit de la campagne de 1812 par Ségur, et nos élèves ne lisent guère Thucydide, tandis qu'ils pourraient lire Ségur. La lutte de César et de Pompée n'est pas plus grande et plus saisissante que la guerre d'Amérique.

Les chefs-d'œuvre de l'antiquité abondent en fortes maximes et en pensées exprimées avec une brièveté et une élégance lapidaires. Il y a là de belles phrases qui se gravent dans la mémoire et qui donnent un corps indestructible aux sentiments nobles. Est-ce que la littérature moderne ne présente pas les mêmes avantages? Corneille est un faiseur d'hommes autant que Sénèque. Tacite connaît-il les dessous du cœur humain mieux que La Rochefoucauld, Bourdaloue et Saint-Simon? La sagesse prudente d'Horace est-elle supérieure à celle de Molière ou de La Fontaine? Est-ce qu'Ovide contribue beaucoup à inspirer l'horreur du vice, Aristophane à épurer le goût, Salluste à faire admirer l'alliance d'un beau talent et d'une vie honorable? Qu'est-ce que la morale de l'Enéide, sinon la justification de la conquête par la volonté des dieux et un fatalisme décourageant pour les vaincus ?

Mais nous arrivons insensiblement de la culture

morale à la culture intellectuelle, de l'éducation du cœur à l'éducation de l'esprit. Ici nous allons achever la citation de Macaulay que nous avons commencée plus haut :

« Toute la controverse politique et religieuse a
» lieu maintenant dans les langues modernes.
» On ne se sert plus des langues anciennes que
» pour commenter les écrivains anciens. Sans
» doute, les grandes œuvres du génie grec et du
» génie romain sont toujours ce qu'elles étaient.
» Mais si leur valeur positive est constante, leur
» valeur relative, comparée avec la somme des
» richesses que possède l'esprit humain, a été
» sans cesse en déclinant. Elles étaient le tout
» intellectuel de nos ancêtres; elles ne sont
» qu'une partie de nos trésors. Quelle tragédie
» aurait fait pleurer Jane Grey, quelle comédie
» l'aurait fait sourire, si elle n'avait eu les dra-
» maturges anciens dans sa bibliothèque? Un
» lecteur moderne peut se passer d'Œdipe et de
» Médée : il a Othello et Hamlet. S'il ne sait rien
» de Pyrgopolinices et de Thrason, il est familier
» avec Bobadil, et Bessus, et Pistol, et Parolles.
» S'il ne peut goûter la délicieuse ironie de
» Platon, il trouvera quelque compensation dans

» celle de Pascal. S'il est exclu de Néphélococ-
» cygie, il peut se réfugier à Lilliput. Nous es-
» pérons n'être coupable d'aucune irrévérence
» envers les grands peuples auxquels le genre
» humain doit l'art, la science, le goût, la li-
» berté civile et intellectuelle, quand nous disons
» que le capital qu'ils nous ont légué a été si
» bien employé que les intérêts accumulés excè-
» dent maintenant le principal. Nous croyons
» que les livres qui ont été écrits dans les langues
» modernes pendant les deux cent cinquante der-
» nières années, y compris, bien entendu, les
» traductions d'auteurs anciens, ont plus de va-
» leur que tous les livres qui existaient dans le
» monde au début de cette période. Les An-
» glaises sont au moins aussi familières que les
» Anglais avec les langues modernes de l'Eu-
» rope. Quand donc nous comparons l'instruc-
» tion de lady Jane Grey avec celle d'une femme
» accomplie de notre temps, nous n'hésitons pas
» à donner la supériorité à la dernière. Nous es-
» pérons que nos lecteurs nous pardonneront
» cette digression. Elle est longue, mais on ne
» peut guère la trouver hors de propos, si elle
» tend à les convaincre qu'ils se trompent quand

» ils pensent que les trisaïeules de leurs tri-
» saïeules étaient supérieures à leurs sœurs et à
» leurs femmes. »

Pourquoi Macaulay n'a-t-il pas été tenté d'é-
tendre aux hommes ce qu'il dit de l'instruction
des femmes? La question ne se posait pas devant
son esprit; ce n'était pas le lieu de la traiter.
S'il jugeait de son sexe par lui-même, il devait
supposer qu'on peut tout savoir, car sa mémoire était prodigieuse, et son activité infatigable avait fait de lui un érudit à l'âge où l'on n'est
qu'écolier. Mais nous avons le droit de nous emparer de ses arguments et de les appliquer aussi
largement qu'ils s'y prêteront. La littérature ancienne n'est qu'une fraction de la littérature universelle, et une fraction qui s'amoindrit sans
cesse, parce que le numérateur est constant,
tandis que le dénominateur grossit indéfiniment.
Chaque génération accroît la bibliothèque des
chefs-d'œuvre qui nous resteront fermés tant que
nous donnerons aux Romains les plus belles
années de notre jeunesse. Quoi qu'en pensent les
partisans de l'immobilité du goût, les idées et les
mœurs se transforment peu à peu, et les classiques nous deviennent sans cesse plus étrangers

Il faut déjà un effort pour goûter les incomparables sermonaires du xvii° siècle, et l'admiration que nous inspirent les merveilles de l'antiquité n'est pas toujours très éclairée. Nous avons besoin, pour que notre enthousiasme, en présence de la littérature romaine, soit tout à fait intelligent, d'apprendre bien des choses qui ne nous servent qu'à la comprendre. Il faut pour arriver à ces trésors parcourir un chemin bien long ; d'autres richesses nous coûteraient moins de temps et de fatigue.

Si j'ai contesté la perfection morale des héros antiques, je ne contesterai point la beauté littéraire des antiques chefs-d'œuvre. L'art échappe à la loi du progrès, et il y a des merveilles qu'on ne dépassera sans doute point. J'irais plus loin s'il s'agissait des Grecs. Comme ils vivaient dans la jeunesse du monde, on trouve dans les œuvres de leurs plus grands hommes une fraîcheur, une naïveté, une originalité, qui leur assurent à jamais la palme sur les génies égaux que les âges suivants peuvent voir surgir de loin en loin. Ils ont cueilli la fleur de la poésie. En allemand comme dans le vieux français, le poète s'appelle le trouveur ; les Grecs sont les plus grands des poëtes, car ils ont moissonné le champ de l'invention. Ils ont revêtu d'une forme qui défie toute imitation les sentiments et les pensées qui sont comme le fond de notre être. Ce qui est lieu commun et banalité chez les modernes, est chez les Grecs nature et simplicité, car ils ont les premiers traduit dans un langage riche, souple et sonore, les joies et les douleurs élémentaires de la vie humaine. La nature peut reproduire un Homère ; l'art ne peut reproduire une Iliade et une Odyssée.

Mais c'est un privilège unique ; les Romains ne sont pas jeunes. Leur littérature n'est pas plus originale que la nôtre. Molière est aussi créateur que Plaute, Bossuet que Cicéron, Racine que Virgile ; Dante et Shakespeare le sont davantage. Les Romains n'ont gravi aucun sommet vierge, n'ont établi sur aucune province de l'empire des lettres leurs droits de premiers occupants. Accordons-leur la beauté de la forme : elle n'a rien qui doive décourager leurs successeurs. Comme leurs croyances, leurs idées, leurs mœurs ressemblaient fort à celles des Grecs leurs maîtres, ils sont restés jusqu'au bout imitateurs et disciples ; le sommeil du moyen âge et la transformation de la foi religieuse et des institutions sociales ont donné à la pensée humaine un renouveau qu'elle n'a pu trouver dans la traversée d'Athènes au bord du Tibre. Le génie était plus à l'aise au siècle d'Élisabeth qu'au siècle d'Auguste. Quels maîtres irons-nous donc chercher à Rome que nous ne puissions trouver plus près de nous? Prenons, s'il vous plaît, le catalogue des classiques latins, et voyons s'il n'est pas possible de les remplacer largement par des modernes. Au temps de la Renaissance, la découverte et la publication des chefs-d'œuvre anciens donna une vive impulsion au mouvement des esprits; mais il fallait renaître. Aujourd'hui, entourés comme nous le sommes d'une si abondante bibliothèque, une pareille trouvaille exciterait une vive curiosité, charmerait les gens de goût; elle ne changerait guère le cours des idées. Les odes d'Horace, malgré la beauté du style, pâliraient à côté de lyriques tels que Victor Hugo et Lamartine, Gœthe et Schiller; est-ce que ses Satires et ses Epîtres valent mieux que celles de Voltaire? Je ne parle pas de Boileau, car il s'indignerait d'être préféré à ses modèles, et se contente de la gloire d'un honnête copiste. Tibulle et Properce valent-ils mieux que Musset et Henri Heine ? Ovide est un charmant esprit, mais sa poésie est plus spirituelle que profonde, et il n'est pas besoin de le lire pour connaître l'interminable histoire des adultères divins. Du théâtre latin nous ne possédons que deux comiques, très grands à coup sûr, mais non pas inimitables ; on sait d'ailleurs qu'ils avaient eux-mêmes imité les Grecs. Mais que nous apprendraient Plaute et Térence, quand nous possédons Molière et Regnard, et la pléïade contemporaine ? La tragédie romaine est perdue ; rien ne prouve que cette perte soit irréparable. Corneille, Racine, Shakespeare, les Espagnols et les Allemands suffisent bien à nous consoler. Au génie plus étendu qu'original de Cicéron, nous opposerons l'éloquence de Bossuet, la correspondance de Madame de Sévigné et de Voltaire, nos philosophes et nos critiques littéraires. César est exquis, mais nous avons vingt auteurs de Mémoires qu'on peut lui comparer. Les Latins ont excellé dans l'histoire ; mais en face de Salluste, de Tite-Live, de Tacite et de Suétone, nous rangerons une foule de noms parmi lesquels il en est de presque aussi grands. Tacite nous enchanterait s'il sortait de l'obscurité, et nous re-

connaîtrions que nous n'avons que sa monnaie,
mais quelle monnaie ! Citons seulement Saint-
Simon, aussi profond observateur ; Michelet,
aussi grand peintre. Je ne vois point dans toute
l'antiquité un historien orateur qui dépasse Macaulay, encore moins un historien philosophe qui
égale Buckle. Car il me plaît d'aller chercher
hors de nos frontières quelques-uns de nos classiques modernes.

Nos moralistes n'ont point de rivaux. S'il fallait
perdre Juvénal ou La Bruyère, ce n'est pas Juvénal que je garderais. Sénèque est un écrivain
plein d'esprit ; est-il supérieur à Pascal ? Lucrèce
a excellé dans un genre où les modernes n'ont
point produit de chefs-d'œuvre, mais on ne le lit
guère au collège. Il m'en coûterait de mettre
Virgile dans une balance, à moins qu'Homère
ne fût dans l'autre plateau, et il me semble que
Tacite et lui sont de tous les Latins, les seuls
que je ne me consolerais point de perdre. Mais
aussi que de poètes modernes peuvent à la rigueur combler cette grande lacune, depuis Dante
jusqu'à Byron, depuis le *Paradis Perdu* jusqu'à
la *Légende des siècles* ! Si l'enseignement classique doit être décapité le jour où on ne lira plus

l'*Enéide*, nous lui donnerons une autre tête, fallût-il l'aller quérir à l'autre bout du Parnasse, et offrir à Shakespeare la royauté vacante.

Admettrons-nous que les classiques anciens soient plus classiques que les modernes, c'est-à-dire qu'ils soient plus propres à former le goût des jeunes gens ? Si nous chassons de notre esprit toute superstition, nous nous demanderons en vain sur quoi se fonde une telle prétention. On dirait, à entendre nos contradicteurs, que les écrivains latins aient reçu de quelque dieu inconnu je ne sais quels dons mystérieux. Ils ne sont pas plus primitifs, plus originaux que leurs émules des temps modernes; ils sont sujets à bien des défauts ; on trouve chez plusieurs d'entre eux de la prolixité, de la recherche, de l'exagération, de la rhétorique. Cicéron sommeille au moins autant qu'Homère, et parfois se perd en un verbiage fatigant ; César se montre si grand et si infaillible dans l'apparente simplicité de son récit, que sa véracité devient fort suspecte. Salluste sent l'huile, et ses archaïsmes trahissent un excès d'application littéraire. Tite-Live est bien long pour qui entreprend de le lire de suite, et dans ce qui nous reste de son immense édifice, on trouve des parties où l'intérêt languit. D'ailleurs il ne distingue guère les époques, et transporte dans les temps les plus barbares la politesse de son siècle. Tacite n'évite pas l'hyperbole et la subtilité. Sénèque manque souvent de la mesure qui dénote la sincérité. Quinte-Curce n'est qu'un historien de pacotille ; quoiqu'on le lise en classe, il n'a rien de classique. Horace a besoin d'être expurgé. Lucrèce nous laisse parfois regretter qu'il n'ait pas écrit en prose. Perse n'est lisible que pour les amateurs de rébus. Juvénal choque le goût jusqu'à la nausée. Lucain sert de plastron aux critiques dignes d'aimer Virgile. Qui sait ce que perdrait Térence, si l'on retrouvait Ménandre ? Plaute est le prince des poètes de la populace ; on ne le met guère plus que Rabelais entre les mains des écoliers.

Si les Latins ne sont pas exempts de défauts, ont-il des mérites dont le secret se soit perdu avec eux ? On les féliciterait volontiers d'avoir exprimé des idées plus générales dans un langage plus définitif, d'avoir mieux présenté, en leurs écrits, l'homme tel qu'il est dans tous les temps, dépouillé des vêtements qui changent, des variations que les siècles amènent avec eux. On prend pour un argument ce vieux mot, les humanités, et l'on trouve dans la littérature latine quelque chose de plus humain que dans la nôtre. Mais c'est là un pur préjugé. Les Romains n'ont connu que leur propre nature ; ils ont peint ce qu'ils avaient sous les yeux, c'est-à-dire des Romains, avec des Grecs et des Barbares de leur époque. Ils ont écrit avec leur expérience, comme nous écrivons avec la nôtre. L'effroyable corruption de la cour des Césars aiguise la pénétration de Tacite, comme la contemplation assidue et passionnée des intrigues de Versailles illumine pour Saint-Simon les recoins les plus obscurs des cœurs les plus fermés. Osons le dire, ce qui semble procurer aux Latins une certaine supériorité de forme, c'est que leur esprit est moins encombré par la multitude des idées, des connaissances et des souvenirs. Leurs notions sur l'homme sont plus simples, parce qu'elles sont plus étroites, et leurs jugements sont plus fermes, parce qu'ils sont moins éclairés et moins scrupuleux. Les caractères qu'ils tracent ont quelque chose de général, manquent de ces traits qui marquent la vie. Le Catilina de

Salluste et de Cicéron est un Catilina quasi abstrait ; c'est moins un personnage historique qu'un personnage de drame ; on dirait, dans la langue du théâtre, que c'est un emploi. Comparez l'Enée de Virgile avec l'Achille, l'Hector et l'Ulysse d'Homère, et vous verrez que les Latins connaissaient moins l'homme que les Grecs, savaient moins donner à leurs créations le sang et la chair, le souffle et le mouvement. La poétique qu'on tirerait de l'étude des modernes serait infiniment plus féconde que celle qu'on emprunte à l'étude de la littérature romaine ; Virgile même, avec la délicieuse perfection de son style et la mélancolie qui s'exhale de ses vers, ne peut inspirer que de médiocres élèves.

L'enthousiasme qu'excitèrent les anciens quand on commença de les connaître, après le moyen âge, venait en partie de ce qu'ils étaient païens. Le christianisme ne leur avait pas fait violence, ne les avait pas pliés à une discipline rigoureuse et mortifiante. Leur apparition subite eut l'air d'une renaissance de la nature ; on secouait en les admirant le joug d'une longue contrainte, de l'ascétisme, du mysticisme, de la scolastique. C'est alors que le triomphe des humanités fut le triomphe de l'humanité libre et vraie sur la théologie, qui avait imposé à l'esprit un joug si pesant. Sachons gré aux anciens d'avoir procuré aux peuples chrétiens cette joie de sentir, après une si longue oppression, que la vie est bonne, que la passion n'est pas toujours coupable et que la terre n'est pas maudite. Mais cette dette de reconnaissance serait trop chèrement payée, s'il fallait lui sacrifier les intérêts de la jeunesse et le développement d'une longue suite de générations. D'ailleurs il ne faut pas exagérer l'importance de ce service. La Réforme contribua plus encore que la Renaissance à l'émancipation de l'Occident, parce que les humanistes consentaient trop aisément à livrer l'âme au pontife romain, pourvu qu'on leur laissât l'empire de l'art. Le catholicisme païen et naturaliste, qui fut la religion de l'Italie au xvi⁰ siècle, n'était pas un véritable affranchissement; ce n'était qu'une transaction entre l'Olympe et le Vatican.

Au moment de discuter l'argument tiré de la tradition, je suis un peu embarrassé par la difficulté de le comprendre et de le saisir, tant il est divers, fuyant et vague. On ne peut admettre que M. de Laprade n'ait rien pensé quand il écrivait:

» La France, plus qu'aucune autre nation du
» monde, est intéressée à la perpétuité de cette
» coutume. Héritier du génie grec et latin, le
» génie français, qui a été jusqu'ici dans le
» monde le génie chrétien par excellence, a tout
» à perdre en se séparant de ses origines, en
» oubliant, en reniant la tradition dont il est
» l'apôtre. S'il a été le grand agent de la civili-
» sation, de la vraie civilisation, de telle sorte
» qu'à côté de lui cette Allemagne, aujourd'hui
» triomphante, n'en peut pas moins être réputée
» une race barbare, c'est qu'il a été le continua-
» teur chrétien de l'hellénisme, et que l'hellé-
» nisme est la grande tradition de la raison hu-
» maine, le principe de toutes les sociétés civili-
» sées, justes et raisonnables... En étudiant le
» latin et le grec, nous étudions nos propres
» origines et nous ne sortons pas du monde
» chrétien. » On ne voit pas trop ce que vient
faire ici le christianisme, ni comment les Français, qui sont depuis un siècle et demi le moins
chrétien des peuples civilisés, peuvent traiter les
Allemands de race barbare, quoique les Allemands soient au moins aussi bons chrétiens
et aussi bons latinistes que nous. Mais les

hommes chez qui le sentiment l'emporte sur la logique éprouvent souvent le besoin de mettre d'un côté tout ce qu'ils aiment, et de l'autre tout ce qu'ils haïssent ; c'est ainsi qu'un homme d'esprit arrive à se persuader que les Grecs et les Romains étaient bons chrétiens, parce qu'il vénère à la fois l'Église et la tradition classique, tandis qu'il refuse sincèrement à nos ennemis de l'année terrible, le bénéfice de leur croyance religieuse et de leur culture intellectuelle. Mais si l'on débarrasse les phrases de Laprade de ce qui les surcharge inutilement, on en dégage cette idée, qu'il faut faire apprendre le grec et le latin à la jeunesse, parce que notre civilisation dérive de celle des Grecs et des Latins.

Un esprit plus net et plus libre, M. Jules Simon, nous présente le même argument : « Il faut
» élever nos enfants pour notre temps et notre
» pays, mais il ne faut pas séparer notre temps
» et notre pays de la tradition des races latines,
» et de la tradition humaine. Dans la série des
» faits historiques, et dans le développement in-
» tellectuel et moral de l'humanité, il ne peut pas
» et il ne doit pas y avoir d'abîmes... La morale,
» comme la poésie et l'éloquence, datent de loin;

» et il sera toujours sage aux hommes d'étudier
» et d'admirer ce que le temps a respecté, car il
» ne respecte que ce qui est grand et ce qui est
» vrai. Il y a donc lieu de conserver au grec et
» au latin la part que nous leur faisons aujour-
» d'hui, sauf à les enseigner d'une autre façon. »

Il y a une lacune dans cette façon de raisonner.
De ce que notre civilisation est ou semble être
d'origine gréco-latine, on conclut qu'il est bon
d'étudier la littérature gréco-latine; mais on conclut trop vite. L'éducation a pour objet de nous
apprendre ce que la vie ne suffirait pas à nous
enseigner, et non de fortifier aveuglément en
nous les tendances que nous devons à notre histoire. A ce compte, comme nous avons dans les
veines plus de sang gaulois que de sang italien,
il faudrait faire une large part dans les programmes à la connaissance des antiquités cel-
tiques.

Rien n'est plus contestable que ce prétendu
aphorisme. La filiation philologique et littéraire
ne prouve pas la filiation des idées et des
mœurs. On oublie le moyen âge, dont nous des-
cendons plus directement que d'Athènes et de
Rome. Le christianisme a passé par Rome pour

arriver jusqu'à nous, mais il n'est pas latin, ou il ne l'est que dans sa corruption. La féodalité, qui a tant contribué à la formation des nations modernes, n'a pas pris naissance au midi des Alpes. Depuis le jour où Clovis parut sur les bords de la Seine, nous n'avons guère cessé de nous dépouiller de la tradition que les Latins, nos vainqueurs, nous avaient imposée. Nous vivons surtout des idées qu'ils n'ont pas connues. Leur société reposait sur l'esclavage; la nôtre le proscrit. La religion était chez eux affaire d'État; nous en faisons de plus en plus un sentiment d'ordre privé. Ils concentraient la vie publique dans la cité, et ne voyaient point de milieu entre le gouvernement direct et la domination d'un seul; toutes nos institutions politiques sont fondées sur la représentation. Ils confondaient les pouvoirs; nous les séparons. Ils ignoraient le progrès; nous en faisons presque un dieu. Les sciences et les arts, qui tiennent une si grande place dans notre civilisation, étaient ou ignorés ou dédaignés à Rome. S'il est un peuple moderne qui ressemble aux Romains, ce n'est assurément pas nous, ce sont les Anglais. L'amour des conquêtes, la passion du gain, le

mépris du juste et de l'injuste en matière de relations internationales, l'art de gouverner les peuples soumis, et de fonder des colonies florissantes, une rare ténacité dans la guerre, le génie
de la politique, un respect de la tradition qui
n'exclut pas les innovations justifiées, un certain
esprit formaliste et amoureux de la légalité, une
certaine infériorité dans la culture des arts, sauf
en ce qui touche l'art d'écrire, ce sont là des traits
communs aux concitoyens de Caton et à ceux de
Palmerston.

Nous ne possédons sur la succession des Romains aucun droit éminent qui nous distingue
des autres nations européennes. Nous ne sommes
latins que par la langue et la religion; encore le
christianisme n'est-il pas d'origine latine, et
sommes-nous assez peu chrétiens. Le moment
n'est-il pas venu d'en finir avec le vieux refrain
des races latines? Nous ne tenons pas beaucoup à
conserver un titre à la tendresse des nations que
l'on nous donne ainsi pour sœurs; non que leur
amitié soit à dédaigner, mais il ne faut pas courir
après des chimères. Les Italiens se mettent en
toutes choses à l'école des Allemands, depuis l'art
militaire jusqu'à la philosophie, et reconnaissent

avec une modestie peut-être excessive que la
race germanique tient la tête du genre humain.
Les Espagnols nous apprennent par leur exemple
qu'un peuple n'a rien à gagner à faire venir de
Rome toutes ses idées et toutes ses croyances.

Non, nous ne sommes pas des Latins : nous
sommes Français et rien de plus. Celtes, Italiens,
Germains, ces éléments dont se compose notre
unité se sont si bien alliés et fondus qu'on perdrait
sa peine à les analyser. Les siècles nous ont trans-
portés si loin de Rome que notre civilisation est
devenue absolument différente de celle qu'on nous
fait étudier au collège. Encore nos professeurs,
tout occupés à corriger nos thèmes, ne nous
donnent-ils qu'une idée incomplète de cette société
qu'il ne faut d'ailleurs pas trop connaître pour
l'admirer. Apprenons l'histoire de ceux qui nous
ont précédés dans la voie où nous courons, qui
ont tenu le flambeau à leur heure, mais appre-
nons-la sans superstition, en juges plus qu'en
disciples. Car, tandis que nous nous attardons à
contempler des reliques, d'autres peuples prennent les devants sur nous, et vont contribuer avec
plus de succès et de profit à la grande Révolution
qui nous emporte vers un avenir inconnu. La

plus précieuse étude ne serait-elle pas celle qui nous permettrait de deviner cet avenir et de nous y préparer?

L'argument de la tradition aurait plus de valeur si l'on consentait à lui donner moins de portée. La vérité est qu'on apprend le latin pour être homme du monde, pour entrer dans la société polie et cultivée. La société polie a des exigences. De même qu'il faut porter des vêtements noirs, même en été, et un chapeau incommode en toute saison, il faut savoir le latin, ou plutôt avoir passé un certain nombre d'années dans les maisons où on l'enseigne. Il n'est pas élégant de citer Horace, ni même de le traduire, à moins qu'on ne soit général en retraite, mais il est presque indispensable de l'avoir fréquenté à l'âge où le duvet commence à ombrager les lèvres. C'est l'usage, et cela suffit.

Il est interdit de violer les usages, mais non de les discuter. En y regardant de près, on voit que ce que le bon ton exige, c'est une éducation sérieuse et prolongée, et rien de plus. Si le latin est requis, c'est qu'en dehors du latin il n'y a point d'études, point d'enseignement secondaire. Avez-vous passé votre jeunesse avec les fils de la bonne bourgeoisie? Avez-vous subi les mêmes exercices, les mêmes épreuves que la masse des gens dont vous prétendez être l'égal? La porte vous est ouverte. Le diplôme n'est qu'une présentation : une fois présenté, on vous jugera par vous-même. Aussi vous est-il permis d'oublier toutes ces belles connaissances dont vous avez fait la preuve. Si c'était le latin qu'on recherche, et non le collège, il serait moins nécessaire d'être bachelier, et plus nécessaire de se rappeler ce qu'on a feint de savoir pour devenir bachelier.

Gardons l'enseignement secondaire; gardons le collège, avec des études assez fortes, s'il se peut, assez longues dans tous les cas. Mais nous y mettrons ce qu'il nous plaira, ce que nous jugerons utile. La société veut des esprits cultivés, et elle a raison; mais elle aura moins de préjugés sur le choix de la semence qu'on y jette, le jour où tout le monde saura qu'on peut labourer dix ans la cervelle d'un jeune homme pour y récolter autre chose que des thèmes latins. C'est une expérience à faire, car elle n'a pas encore été tentée.

CHAPITRE IX

EXPÉRIENCES MANQUÉES

Quiconque réclame au nom de l'esprit moderne la réforme des programmes est sûr de s'entendre répondre : « On a essayé : on n'a pas réussi. Ce » que vous demandez se fait sous nos yeux, et » ne donne point de brillants résultats. La bifur- » cation a échoué : l'enseignement spécial ne » fournit pas à la société française une élite in- » tellectuelle qui lui suffise. » Il faut donc dire quelques mots et de la bifurcation et de l'ensei- gnement spécial.

C'est au commencement du second Empire que M. Fortoul partagea la jeunesse des lycées en deux sections ; avant la chute de Napoléon III,

l'œuvre était jugée, condamnée, presque abolie.
Eût-elle été mieux conçue, qu'on ne l'eût pas
moins attaquée en haine du prince qui l'avait
consacrée, et du ministre qui l'avait proposée.
Rien de bon ne pouvait venir d'un homme qui
s'était laissé confier la tâche d'abaisser l'Université dont il sortait, et de faire sentir à ce grand
corps la main d'un pouvoir hostile. Les auteurs
de cette réforme obéissaient à un double sentiment. Le désir de lancer la nation dans la voie
du progrès matériel leur donnait une vague
conscience des besoins du siècle, mais ils cé-
daient plus encore à la défiance légitime que
leur inspiraient les belles-lettres. C'était le temps
où des magistrats se donnaient des titres à la faveur du maître en écrivant de lourds pamphlets
contre Tacite, et d'impudentes plaidoiries en faveur de l'empereur Néron. C'était le temps où
l'Académie française, conservant la dernière tri-
bune où l'esprit de liberté pût se faire entendre,
rendait l'éloquence et le goût suspects aux courtisans de César.

Ce que M. Fortoul enlevait au grec et au latin,
il ne le donnait qu'aux sciences: on les jugeait
inoffensives. Mais ni l'histoire, ni la géographie,

ni les langues vivantes n'obtenaient une part suffisante dans les nouveaux programmes. C'était une réforme incomplète et, à beaucoup d'égards, absurde. A quoi bon faire commencer le grec deux ans seulement avant la date où il était permis d'y renoncer? A quoi bon maintenir le latin obligatoire pour offrir à la moitié des élèves la faculté d'en savoir le moins possible? Conserver une étude et l'affaiblir, ce n'est pas améliorer les programmes, c'est organiser la décadence. M. Fortoul l'avait sans doute compris.

Comme la bifurcation ne s'opérait qu'à l'entrée de la troisième, les élèves qui, jusque-là, n'avaient point brillé, prirent leur absence de vocation littéraire pour une vocation scientifique, et les derniers de la classe de quatrième se mirent dans la section des sciences, tandis que les meilleurs, habitués à réussir, restaient fidèles aux lettres. Quand une route nouvelle s'offre à moitié chemin, il y a bien des chances pour que les traînards et les écloppés s'y jettent en foule. Toute bifurcation doit avoir pour effet de donner l'avantage à ceux qui persévèrent sur ceux qui changent de voie, parce que le succès engage à la persévérance, et l'insuccès, au changement.

On peut marquer la séparation plus tôt ou plus tard, la faire plus complète, débarrasser la branche scientifique d'un latin parasite et chétif : le résultat sera toujours le même ; les forts en thème resteront fidèles au thème, et les forts en thème ce sont, en général, les forts. Si l'on excepte les vocations indiquées par la nature ou imposées par la volonté des parents, les bons écoliers choisiront la section qui leur apparaîtra comme la continuation de leurs premiers travaux, et l'on s'efforcera vainement d'établir entre les deux sections une égalité chimérique.

L'inégalité serait plus grande encore si l'on faisait de l'entrée dans la section littéraire le prix d'un concours, soit que les vaincus quittent le collège, soit qu'on les déverse dans une section commerciale et industrielle, qui serait plus que jamais le refuge des pécheurs. Dans le premier cas, l'enseignement serait divisé en deux ou trois étages qui formeraient chacun un tout complet. Il en résulterait ou que l'on ferait commencer le latin à des élèves qui ne doivent jamais le savoir, ou qu'on le ferait commencer trop tard aux autres. Dans le second cas, il serait choquant d'instituer officiellement des classes de refusés, et d'offrir, au nom de l'État, à un certain nombre de professions, un recrutement de seconde classe. Le budget ne saurait être employé à passer la jeunesse au crible pour le plus grand profit des fonctions publiques et du barreau, au détriment des métiers utiles. Si nous tenons à faire quelque emprunt aux Chinois, nous pouvons mieux choisir.

L'enseignement secondaire supporterait mal d'être ainsi découpé en tranches plus ou moins indépendantes et superposées. Il est malaisé de tracer un chemin qui atteigne le but : viser deux ou trois buts différents, c'est compliquer le problème au point de le rendre insoluble. Ce qu'on enseigne également aux enfants qui doivent partir bientôt et à ceux qui doivent rester longtemps encore, on ne saurait l'enseigner de la même façon, sous peine de sacrifier les uns ou les autres. Donnez-moi huit ans de collège et un certain nombre de matières à répartir : je rédigerai le programme selon les âges et selon les rapports que ces matières ont entre elles, faisant appel un peu plus à la mémoire pour commencer, un peu plus au raisonnement pour finir ; je prendrai soin de varier et de mêler les travaux pour écarter la fatigue et l'ennui. J'étendrai l'étude des langues sur les huit années ; je ramasserai celle des sciences dans les deux ou trois dernières : je diviserai l'histoire et la géographie de manière à en faciliter l'intelligence. Je saurai que rien de ce qui est différé n'est perdu, que j'ai du temps et du crédit. Supposez, au contraire, qu'il faille disposer les cours pour qu'ils forment deux ou trois touts complets emboîtés l'un dans l'autre : comment concilierai-je les intérêts de ceux qui s'en vont, et qui ont besoin de posséder certaines connaissances, avec les intérêts de ceux qui restent, et qui acquerront mieux ces connaissances à un âge plus avancé ? Un des plus graves défauts de l'enseignement primaire, c'est qu'il faut apprendre aux enfants de douze ans ce qu'ils ne comprendront bien que plus tard, jeter dans leur mémoire des semences destinées à germer quand ils auront quitté les bancs, et qui risquent d'être desséchées auparavant. On ne peut guère lancer de jeunes Français dans la vie sans leur avoir donné quelque idée de l'histoire moderne de la France, des institutions nationales, du droit usuel. Il vaudrait bien mieux attendre : mais les élèves vont s'échapper ; il faut bien les pourvoir du bagage indispensable, bien qu'il soit encore trop lourd pour leurs épaules. Faut-il infliger à l'enseignement secondaire cette gêne inutile ? Ce n'est qu'aux animaux d'ordre inférieur qu'on peut couper la tête et la queue sans les faire périr. Ce serait un système d'éducation inférieur que celui qu'on pourrait arrêter où l'on voudrait. Une éducation est comme un drame dont le plan ne souffre point de mutilation, et qui ne saurait comporter deux ou trois dénouements successifs. Si vous n'êtes pas sûr d'aller jusqu'au bout, cherchez une pièce plus courte, mais n'exigez point que je vous dise mon dernier mot à la fin de chaque acte.

C'est pourtant cette méthode des programmes à étages qu'ont adoptée les fondateurs de l'enseignement secondaire spécial. Mais cet hybride a bien d'autres défauts. Il n'est ni secondaire ni spécial, mais simplement primaire. On l'a logé sous le même toit que l'enseignement classique, comme pour en recueillir les épaves. Un collège Chaptal, une école Turgot, peuvent être des maisons florissantes et donner une instruction solide. Mais si vous installez dans les mêmes murs les « Latins » et les « Français, » on ne verra dans

ceux-ci que des enfants à qui manque ou l'intelligence, ou le goût des belles choses, ou le loisir
sans lequel il n'est point de forte éducation. Deux
ans, trois ans, quatre ans même, et c'est, je crois,
le maximum, ne suffisent pas pour acquérir des
connaissances qui balancent le baccalauréat. Voué
d'avance à la faiblesse et à l'humilité, l'enseignement spécial n'a point tenté, sauf exception, les
maîtres les plus distingués; l'émulation et le sti-
mulant de l'amour-propre manquaient à ses professeurs; les grandes espérances manquaient à
ses élèves. On ne leur ouvrait point de débouchés
officiels, parce que les carrières dont dispose
l'État sont déjà encombrées par des jeunes gens
plus instruits.

Cependant on reconnaît que M. Duruy a bien
mérité du pays, que son œuvre donnait satisfac-
tion à l'un des vœux de l'opinion publique. C'était
un pas vers l'avenir, et l'esprit qui régnait dans
les hautes régions ne permettait sans doute pas
une réforme plus hardie. Aujourd'hui on réclame
des réformes; on demande que les professeurs de
l'enseignement spécial soient les égaux des professeurs de l'enseignement classique. L'égalité ne
se donne pas : il faut la conquérir. On parle d'un

baccalauréat spécial : le diplôme importe bien moins que les études qui y mènent, que les épreuves qui l'enlèvent. Donnez-nous des maîtres savants, des élèves qui aient du temps devant eux, des programmes assez étendus pour qu'on ne les confonde pas avec ceux de l'école primaire; donnez-nous, en un mot, un enseignement secondaire sans grec ni latin, mais avec des compensations pour le grec et le latin, et vos nouveaux bacheliers pourront exhiber leur diplôme sans en rougir : on ne le prendra plus pour un brevet de demi-ignorance.

Le jour où il existera un enseignement secondaire aussi élevé que l'enseignement classique, celui-ci courra grand danger. En attendant, on ne peut dire qu'il ait vaincu, tant qu'on ne lui oppose qu'un rival débile, d'avance humilié et sacrifié.

CHAPITRE X

LE LATIN ET LES ÉCOLES SPÉCIALES

Dans certains pays l'enseignement secondaire
n'est que la préparation à l'enseignement supérieur ; on ne sort du collège que pour entrer à
l'Université. Chez nous le collège doit fournir une
instruction complète, ou qui passe pour telle ; un
bachelier est un homme, ou peu s'en faut. Quant
à nos Facultés, qui remplacent mal les Universités
de nos voisins, elles partagent avec les écoles spéciales le privilège d'ouvrir la porte des carrières
lucratives. Les hautes études sont en France
moins libérales et plus utilitaires que les études
secondaires. Si l'on condamne l'enfance à des
travaux également ingrats et stériles, la jeunesse

a le double avantage de marcher vers un but plus visible par un chemin plus agréable.

Ceux qui entrent dans la vie avec un simple diplôme de bachelier se hâtent, nous le savons, de jeter au feu leurs dictionnaires et leurs auteurs. Ceux qui poussent plus loin leurs travaux seront-ils plus fidèles aux langues anciennes? Recueilleront-ils dans leur nouvelle carrière le fruit tardif de leurs longues et pénibles luttes contre les difficultés du rudiment et du lexique?

Cette question pourrait nous mener loin, si nous voulions tout dire et entrer dans le détail : peu de mots suffiront à ébaucher une réponse que chacun achèvera d'après ses souvenirs.

A l'exception des futurs professeurs qui sont hors de cause, puisque leur premier devoir est de posséder à fond ce qu'ils devront enseigner un jour, je ne vois que les étudiants en droit qui continuent de hanter les Muses latines. Encore est-il bien hasardeux de prononcer ici le nom des Muses. Thémis n'est pas une des neuf sœurs, et l'on peut cultiver Papinien sans penser à Virgile. Quoi qu'il en soit, le droit romain tient une large place dans l'enseignement juridique, et les textes qui en forment le majestueux édifice sont présentés aux élèves sous leur forme primitive. Mais il est permis d'ignorer ou de méconnaître les raisons qui justifient actuellement cette prépondérance du droit romain. On l'appelle la raison écrite : que ne l'avons-nous donc traduit à notre usage, au lieu de nous donner des codes qui contiennent apparemment une part de déraison, puisqu'ils ne sont pas calqués sur ce modèle ? Direz-vous que ce qui convenait aux sujets d'Alexandre Sévère ne saurait convenir aux contemporains de Napoléon ? C'est avouer que cette raison écrite est une raison changeante. Les Romains, qui étaient des gens sensés, se donnèrent une législation conforme à leur état social. Au beau temps de leur jurisprudence, ils formaient un peuple sans esprit public, sans liberté d'aucune sorte, en proie à une décadence universelle. Plus d'industrie; l'agriculture presque abandonnée où livrée aux esclaves; le monde civilisé se dépeuplait comme pour faire place aux barbares; les mœurs étaient corrompues à donner la nausée; la vieille société s'écroulait; les fondateurs de la société future étaient étrangers ou hostiles au pouvoir. Au milieu de cette pourriture s'achève le pompeux monument de cette jurisprudence que plus tard Justinien, dans une corruption plus profonde encore, marquera du sceau de son autorité presque divine. Nous avons aboli l'esclavage, changé une ou deux fois de religion ; nous avons remplacé l'adoration servile des empereurs par le culte de la liberté. Nous honorons le travail, que les anciens tenaient pour méprisable. Nous différons d'eux par notre état économique plus encore que par notre état politique et nos idées morales, et nous sommes toujours les écoliers de Gaïus et d'Ulpien I Le droit romain a servi pendant des siècles à battre en brèche la féodalité, et, avec la féodalité, le droit coutumier, qui avait peut-être sa valeur. Le temps n'est-il pas venu de laisser un peu de côté la tradition latine, par laquelle on a triomphé de la tradition barbare, et de rajeunir la philosophie du droit en l'affranchissant de cette servitude? Si nous avons encore besoin de compulser le Digeste pour comprendre nos lois et juger nos différends, que penserons-nous de ces savants législateurs, élevés dans le giron de Tribonien, qui n'ont pas su émanciper le droit français? N'auraient-ils pas mieux fait avec moins d'érudition?

Quand on pense à la longueur et à la cherté

des procès, aux complications et aux obscurités
de la procédure, on se demande si la jurisprudence ne serait point par hasard une religion
d'État qui entretient fort grassement son très
nombreux clergé aux dépens des laïques, lesquels
d'ailleurs n'ont pas besoin d'avoir la foi pour
contribuer aux frais du culte. Dans le siècle de
toutes les révolutions, on peut rêver bien des
progrès. Qui sait si un nouveau Voltaire ne
viendra pas remuer tout cet amas de formules et
de distinctions subtiles, tout ce fatras de malfaisant grimoire, et livrer à la risée du peuple la
plus coûteuse, la plus gênante, la plus obstinée
des superstitions ? Qui sait si l'on ne découvrira
pas que le droit n'est pas encore sorti de la
période du moyen âge avec ses Baroco et Bara-
lipton, scolastique attardée dont Justinien est
l'Aristote ? Maupeou se vantait un peu légèrement
d'avoir tiré la couronne royale de la poudre du
greffe ; c'est la propriété et la liberté qu'il faudrait
dégager de cette triple couche de poussière.
Méfions-nous d'une science qui persiste si longtemps à s'envelopper de latin ; nos jurisconsultes
ressemblent trop aux médecins de Molière ; il
leur faut trop de robes, de jargon et de grimaces

pour entretenir ce qu'ils appellent la majesté de
la loi. Sans doute, ils sont de bonne foi, comme les
anciens docteurs de Sorbonne et les confrères
de Guy Patin, ce qui ne nous empêche pas de
tenir en médiocre estime les théologiens d'autrefois, et de croire que, sous Louis XIV, la médecine était un fléau pire que bien des épidémies.
Elle saignait les gens jusqu'à la mort ; la jurisprudence ne nous prend que notre temps et nos
écus, mais elle nous les prend de force, tandis
que Guénaut et Daquin n'immolaient que des
victimes volontaires.

Pendant que nos étudiants en droit pâlissent
sur les reliques de l'empire romain, on leur laisse
ignorer comment les peuples modernes transforment peu à peu leur législation. Le droit com-
paré n'est guère cultivé : on ne peut pas tout
savoir, et le temps qu'absorbe le sénatus-consulte
velléien ne saurait être employé à chercher pourquoi les Américains sont plus libres et les Anglais plus riches que nous. Le culte de la prétendue raison écrite dispense les jurisconsultes de
marcher dans la voie indiquée par Montesquieu,
et de demander l'esprit des lois au rapprochement
des faits. Si les études classiques sont un hom-

mage rendu à la sainteté de la tradition, le
collège prépare bien à l'École de droit, où la
tradition est plus respectée que dans le reste du
monde. Pendant trois ou cinq ans, on ne'parle à
nos futurs légistes que de textes à interpréter et
à commenter : quand leur apprend-on à peser
les avantages et les inconvénients d'une disposition légale ? Il y a dans tout cet enseignement
beaucoup de logique et trop peu de calcul positif.
C'est ainsi que, par des combinaisons ingénieuses
on protège les mineurs contre l'improbité
présumée de leurs tuteurs et même de leurs
parents ; il n'est pas prouvé qu'on y réussisse
toujours, mais on réussit toujours à faire passer
une partie de leurs biens dans la poche des gens
de loi. Les économistes et les philanthropes ont
fini, au bout de quatre-vingts ans, par attirer
l'attention du législateur sur le scandale de ces
ventes judiciaires où le prix de l'immeuble est
absorbé, et au-delà, par les frais dits de justice.
Jamais les légistes n'auraient par eux-mêmes découvert et condamné cette espèce de brigandage.
Ils n'apprécient dans les lois que la symétrie, la
beauté abstraite ; le rapport des lois avec les
intérêts, ce qui fait qu'elles sont utiles ou nui-

sibles, ne les touche point. Ils ignorent que la plupart des actes de la vie humaine se règlent par une balance de frais et de profits, et que la législation est mauvaise quand elle impose aux citoyens une somme de frais disproportionnée à celle des profits qu'elle leur procure. Ce ne sont pas les juristes qui réformeront nos codes et nos règlements administratifs, ou, si ils entreprennent cette tâche, ce n'est pas d'Ulpien qu'ils s'inspireront; un laboureur, un négociant, un teneur de livres leur donneront pour cela de plus sages conseils que Labéon et Capiton.

Dès que le diplôme de bachelier ès latin ne sera plus exigé à l'entrée de l'École de droit, on découvrira tout à coup que les lois romaines se peuvent traduire tout aussi bien que celles de la Suède et de la Suisse, et qu'on se passerait mieux encore de savoir la langue de Modestin que celle de Blackstone ou de Savigny. D'ailleurs la civilisation future diminuera peut-être le nombre des gens de papier timbré ; l'École de droit attirerait alors une foule moins épaisse d'étudiants ; cela ne veut pas dire qu'on y travaillerait moins.

Les autres professions se passeront bien plus

aisément encore de la connaissance des langues anciennes. Nos médecins pourraient lire Hippocrate et Galien en grec, s'ils savaient le grec, ce qui ne leur arrive guère. Mais les nombreux recueils spéciaux que publient les Anglais et les Allemands sont pour eux lettre morte, jusqu'à ce que les recueils français aient mis à leur portée les observations et les expériences faites à Londres et à New-York, à Vienne et à Berlin. Les découvertes étrangères, les œuvres didactiques écrites hors de chez nous ne peuvent nous servir que quand un traducteur et un éditeur ont associé leur argent et leur peine pour remédier à notre ignorance. Nous suivons à distance le mouvement de la science et de l'art, et nos rivaux affirment que la distance est grande. Ce sont des envieux, mais ils ont au moins cet avantage qu'ils nous lisent et que nous ne les lisons pas.

Ce que l'enseignement secondaire doit fournir aux futurs médecins, c'est une bonne préparation scientifique et le maniement de deux ou trois langues vivantes. On dira que le baccalauréat ès lettres a été reconnu nécessaire, et que le niveau des études médicales baissait quand on renonçait à cette exigence. Pour que l'objection fût valable, il faudrait qu'on eût organisé un système d'éducation large et solide en dehors des lettres classiques. Une expérience mal faite ne prouve rien.

J'ai déjà parlé de l'étymologie. Un homme qui a besoin de connaître l'étymologie des termes de son art pour en posséder le sens ferait mieux de ne pas les employer ; on ne sait rien ou presque rien sur les choses, quand on sait seulement d'où viennent les mots. Là où l'étymologie est nécessaire, elle ne sert qu'à dissimuler l'ignorance. Ce n'est pas dans les livres que les gens de métier apprennent le vocabulaire de leur métier.

Dans la plupart des professions, ce qui importe le plus, c'est de suivre sans retard les progrès accomplis au dehors, les tentatives de nos concurrents. Que font au militaire Polybe, César et Végèce ? Qu'il lise plutôt Rüstow, les travaux de l'état-major allemand, et surtout les livres et les revues qui paraissent de l'autre côté du Rhin et des Alpes. Que les ingénieurs sachent comment les Anglais construisent des navires, et les Américains des chemins de fer. Qu'on leur apprenne au besoin l'espagnol, le russe ou le chinois, pour maintenir à l'étranger la réputation de nos écoles et les débouchés de notre industrie. Sans doute, l'éducation classique n'exclut pas les langues vivantes ; elle leur fait, au contraire, une part honorable dans les programmes, mais dans les programmes seulement. Entre le latin et le grec d'une part, l'anglais et l'allemand de l'autre, il n'y a que des transactions mal observées et des marchés de dupe. Tant que le moderne n'aura pas expulsé l'antique, l'antique étouffera le moderne. Depuis trente ou quarante ans on cherche une conciliation équitable : cherchez encore, s'il vous plaît, pourvu que ce ne soit pas, comme toujours, aux dépens de la santé des élèves.

Parlerons-nous des fonctions administratives ? Je n'accuserai pas Horace de contribuer au funeste développement de la bureaucratie. Il semble cependant qu'une grande réforme dans l'éducation de la jeunesse doive être la préface d'une réforme dans nos institutions. Si nous étions initiés de bonne heure à la religion de l'utile et à la doctrine du produit net, nous ne porterions peut-être pas si patiemment sur nos épaules la plus inutile, la plus lourde, la plus gênante et la plus dispendieuse des machines.

Les champions de la tradition insistent sur la nécessité de conserver dans notre démocratie une aristocratie intellectuelle; ils ont raison, pourvu que cette aristocratie ne se confonde pas avec la féodalité paperassière que l'ancien régime nous a léguée, et que nous ne nous lassons pas de perfectionner. L'enseignement classique prépare d'autant mieux ses élèves au métier de fonctionnaire, qu'il ne les prépare à rien du tout. Le diplôme de bachelier, n'étant pas un titre à la confiance des particuliers, tend à devenir un titre de rente sur l'État : il faut bien qu'il serve à quelque chose. Les parents qui se sont imposé des sacrifices prolongés, et plus encore ceux qui ont obtenu des bourses pour leurs fils, sont des créanciers justement exigeants. L'Université leur souscrit une lettre de change : les ministres la paieront. Le jeune homme qui sort d'une école commerciale cherche de lui-même un emploi dans le commerce; le jeune homme qui sort d'un collège où on ne lui a enseigné que l'art d'apprendre, réclame le moyen d'acquérir des connaissances d'un usage plus direct, ou de s'en passer.

Le journalisme est peut-être la profession qui

trouve sur les bancs du collège l'apprentissage le plus approprié, du moins en apparence. Pourtant la presse française elle-même gagnerait à ce que l'enseignement officiel fût un peu moins classique. Car elle regorge de polémistes, qui excellent à exécuter un gouvernement en cinquante lignes, à faire en peu de mots la leçon aux peuples et aux hommes d'État; elle manque de travailleurs qui sachent étudier un sujet à fond, de voyageurs qui suppléent à la sécheresse uniforme des nouvelles fournies par les agences télégraphiques. L'abus des idées générales, élevé par d'éminents pédagogues à la hauteur d'un précepte, est le fléau de notre littérature volante; on semble croire que pour écrire il suffise de penser, selon le mot de Boileau; on oublie qu'il faudrait aussi savoir. Comme le public est en somme assez docile, surtout quand on caresse ses défauts, on l'habitue sans peine à goûter les articles qui l'amusent et le flattent de préférence à ceux qui l'instruisent; la popularité d'un journaliste n'est le plus souvent qu'un prix de discours français. Les races latines brillent naturellement par la rhétorique, et notre éducation nous aide à tomber du côté où nous penchons. Nos rivaux du Nord et de l'Est, moins richement doués par la nature, tâchent de se rattraper par l'étendue et la sûreté des informations : le bruit court qu'ils y réussissent. Mais quand même l'Université élèverait une légion de journalistes sans reproche, il devrait être permis à un journaliste d'avouer que ce bienfait ne vaut pas tout ce qu'il coûte.

CHAPITRE XI

LES SCIENCES

Depuis longtemps.les lettres et les sciences se disputent la prépondérance dans les programmes de l'enseignement secondaire. La Révolution, qui se défiait des belles-lettres parce qu'elle leur trouvait apparemment un vernis d'aristocratie, donna l'avantage aux sciences. Mais ses écoles centrales n'eurent qu'une existence éphémère et disparurent sans avoir connu la prospérité. Napoléon voulut que l'enseignement universitaire eût pour base le latin et les mathématiques. Pourquoi le contemporain de Cuvier, de Geoffroy Saint-Hilaire, de tant d'illustres chimistes et physiciens préférait-il les mathématiques à l'étude de la nature vivante et de la nature inorganique? Sans doute parce qu'il sortait d'une école d'artillerie. D'ailleurs il ne faisait que reprendre l'ancienne tradition; la philosophie classique, depuis Pythagore et Platon, traînait volontiers la géométrie après elle comme une servante utile et peu exigeante. L'étude des nombres et des lignes n'alarme point l'autorité; le clergé se plaît à la cultiver, et beaucoup de prêtres ont excellé dans l'astronomie.

Sous Louis-Philippe on songea à reprendre l'idée de la Convention, et à donner la prééminence aux sciences. Arago plaida brillamment cette cause contre Lamartine, qui ne fut pas moins éloquent; mais ce n'était qu'un tournoi oratoire; ni l'un ni l'autre des deux champions n'était bon juge de ce qui convient à la jeunesse; l'un était trop poète pour ne pas se laisser entraîner par son imagination quand l'occasion s'offrait à lui de louer dignement ses pareils; l'autre était entré dans la gloire au sortir de l'enfance, et la précocité merveilleuse de son génie scientifique ne lui permettait pas de mesurer le fardeau que certaines études font peser sur des cervelles encore tendres à la fatigue. Le second Empire inaugura la bifurcation ; tout bien pesé, les hommes d'État de cette époque jugèrent que les sciences étaient encore moins suspectes que les lettres de pousser à la rébellion. Là où Condorcet voyait l'affranchissement de l'esprit humain, M. Fortoul cherchait l'apaisement des passions généreuses.

Le terrain de la lutte peut s'agrandir, et il n'est pas nécessaire de prononcer entre les lettres classiques et les sciences. On peut écarter les premières comme surannées, et tenir les secondes en bride comme trop abstraites. On peut dépouiller Lhomond de sa longue royauté sans mettre à sa place les héritiers d'Euclide et d'Ampère.

Je ne crois pas qu'il y ait grand avantage à faire commencer l'étude des sciences avant l'âge de quatorze ou quinze ans, c'est-à-dire avant la troisième ou la seconde. Les notions que les enfants reçoivent auparavant manquent de précision et de netteté. Ou bien on leur impose une fatigue prématurée, ou bien on les bourre de connaissances mal liées, qu'il faudra ensuite coordonner par une méthode plus sévère. Il est bien entendu que nos élèves ne doivent pas quitter le collège avant d'avoir parcouru tout le cercle des études régulières, et qu'il n'est pas nécessaire de leur donner de bonne heure une instruction universelle et superficielle. Nous nous réservons le droit d'attendre, quand nous y trouvons avantage, et nous nous refusons à faire concurrence à l'école primaire.

Faisons une exception en faveur de l'arithmétique, ou du moins en faveur du calcul, dégagé des démonstrations compliquées et de la chaîne des théorèmes. Il est bon d'habituer de bonne heure les enfants à manier les nombres, et c'est souvent un jeu pour eux. C'est le raisonnement prolongé qui les fatigue, et non pas le calcul, pour lequel beaucoup témoignent une aptitude surprenante. Mais la géométrie, l'algèbre et le reste seront réservés à un âge plus robuste, dont on peut exiger une application plus soutenue.

Beaucoup affirment que les mathématiques donnent l'habitude de bien raisonner et font les esprits logiques ; c'est même un aphorisme reçu, quoique plus d'une fois réfuté. Rien n'est plus contestable. La logique des sciences exactes ne ressemble nullement à la logique des sciences humaines. La matière, la méthode, les principes mêmes diffèrent radicalement. Dans les mathématiques, on part d'une définition qui épuise son objet, et on déduit l'une de l'autre des propositions qui s'éloignent indéfiniment du point de départ sans rien perdre de leur rigueur ; si longue que soit la chaîne, le dernier anneau est aussi solide et d'un aussi pur métal que le premier. On peut d'ailleurs s'assurer contre l'erreur, et l'on ne se trompe jamais, quand on raisonne bien. Dans tout ce qui regarde la vie humaine, en morale, en politique, en jurisprudence, en économie sociale, dans les affaires, il n'y a guère de définition qui ne comporte quelque degré d'inexactitude. Aussi ne peut-on se livrer à la déduction sans comparer à chaque pas les idées aux réalités. L'esprit risque d'autant plus de se tromper qu'il place sa confiance dans la précision de sa logique, et c'est une cause certaine d'erreur que de mettre dans la conclusion tout ce qu'on a trouvé dans les prémisses. Un géomètre peut être un moraliste et un homme d'État malgré la géométrie, et non par elle. Que Dieu garde les peuples d'aller chercher leurs conducteurs dans l'école de Platon !

Les sciences physico-chimiques seront renvoyées aux dernières classes. Rien ne nous oblige à charger l'esprit des enfants de notions incomplètes, ni à transformer les expériences en divertissements puérils. Laissons à ces Muses sévères toute leur dignité ; disons bien haut, même à nos élèves, que certaines études exigent une attention soutenue, des efforts presque virils. C'est ravaler le travail que d'en faire une récréation. Je me rappellerai toujours ce propos d'un de nos professeurs, qui nous enseignait la chimie : « Messieurs, nous disait-il, il n'y a pas d'instruction amusante ; si vous voulez comprendre et savoir, donnez-vous de la peine ; vous êtes ici pour cela. » Il aurait eu tort sans doute de tenir ce langage à des enfants de dix ans, mais nous en avions quinze, et cela nous fit plaisir d'être traités en hommes.

L'histoire naturelle, qui consiste plus en faits qu'en raisonnements, et qui doit beaucoup à la mémoire, est plus accessible aux enfants, et je consens qu'on leur en donne de bonne heure un avant-goût, mais bonnement et sans prétention. Point de théories générales ; point de physiologie savante ; pas de devoirs à rédiger. Ne demandons aucun effort à l'esprit de nos petits écoliers. On peut sans écritures ni leçons régulières leur apprendre à voir, à distinguer les êtres, à les nommer. Feuilletons avec eux des albums ; montrons-leur des collections, si nous en avons sous la main, et surtout engageons-les à faire un herbier : excellent emploi pour les promenades dans la belle saison. La recherche des plantes exercera leur vue, peut-être autant que le dessin, qui jouit en ce moment d'une vogue si prodigieuse, et qu'on prétend enseigner même aux pâtres. Le dessin est un travail, et un travail très pénible pour certains esprits. N'aurait-il pas mieux valu lui laisser son ancien caractère d'étude facultative et d'art d'agrément, que d'en inspirer de trop bonne heure le dégoût aux natures qui y sont rebelles, et qui ne sont pas pour cela des natures inférieures? Mais le dessin partage aujourd'hui la vogue du soi-disant art de la diction, et il semble qu'on ait juré de vouer au métier de tapissier-décorateur tous les Français qui n'auront pas le bonheur de sentir s'éveiller en eux la vocation des planches.

Puisque j'ai parlé des promenades, me sera-t-il permis de souhaiter en passant qu'elles restent ce qu'elles doivent être, des exercices physiques, et qu'on ne les transforme pas en leçons de choses plus ou moins fatigantes pour l'esprit. On conseille de faire visiter aux enfants des usines, des ateliers, voire des musées, et même de leur faire traduire leurs impressions dans de petites compositions en français. Pour que de telles excursions ne soient pas simplement ennuyeuses, il faut supposer chez le maître un génie sur lequel on n'a pas le droit de compter. La pédagogie moderne finit, sous prétexte de progrès, par demander aux maîtres des qualités aussi rares que celles que J.-J. Rousseau suppose chez le précepteur d'Émile. Les collégiens que conduira dans un musée un surveillant ou un professeur médiocrement versé dans la théorie de la ligne et de la couleur, n'apprendront qu'à jaser sur ce qu'ils ignorent, et qu'à répéter comme des perroquets savants des jugements traditionnels dont les motifs échappent d'ailleurs aux dix-neuf vingtièmes des adultes cultivés. On comprend peu de chose à l'organisation d'une usine quand on ne connaît pas à fond certaines parties de la chimie et de la mécanique. Les promenades sont faites pour délasser l'esprit, pour réveiller le corps, et si vous le voulez, pour mettre les enfants en contact avec la nature. Qu'ils courent dans les bois s'il fait beau ; s'il pleut, j'aimerais encore mieux les habituer à recevoir la pluie que de les initier aux mystères de la raffinerie ou de la peinture à l'huile.

Nous conduirons donc nos élèves jusqu'à la troisième ou jusqu'à la seconde sans leur avoir enseigné d'autres sciences que l'arithmétique appliquée et la botanique en action. Alors seulement ils aborderont avec un cerveau capable d'une attention soutenue des études scientifiques dont il est inutile de tracer d'avance le programme inflexible. Quelques-uns songeront déjà aux Écoles du Gouvernement; ils n'auront qu'à entrer dans la machine à fabriquer des candidats. La bifurcation, abolie en principe, sera maintenue en fait tant que les fonctions publiques se recruteront au moyen de concours dont le niveau dépend surtout de la multitude des aspirants. D'ailleurs il n'est pas nécessaire que tous les collèges de France, et même tous les élèves d'un collège, soient astreints à des études rigoureusement uniformes. Il faut à tous les jeunes gens instruits un peu d'arithmétique, d'algèbre, de géométrie et d'astronomie; un peu de physique et de chimie; assez d'histoire naturelle. Mais la proportion pourra varier selon les habitudes de la région, et selon le goût et la vocation des élèves. On pourra exiger pour le baccalauréat, si on le conserve, un minimum assez élevé de notions scientifiques. Je parle d'un baccalauréat unique, car le baccalauréat ès sciences, qui fait double emploi avec les examens d'admission aux écoles, n'a point de raison d'être.

Mais je préfère infiniment la liberté et la diversité.

CHAPITRE XII

LES LANGUES VIVANTES

Il y a longtemps que tout le monde signale la nécessité de donner une plus large place à l'enseignement des langues vivantes. Cet enseignement était jadis entièrement sacrifié. Il avait contre lui la mode, car la mode exerce son empire même dans l'enceinte du collège. On voyait d'excellents élèves, tout chargés de couronnes et fiers de leurs succès en latin, se distinguer à la classe d'allemand ou d'anglais par leur inattention et leur faiblesse. Le professeur devait se tenir pour fort heureux s'il obtenait seulement un peu de calme. S'il était Français, on doutait de la solidité de ses connaissances; étranger, son accent, les singularités de son style et de son allure l'exposaient au ridicule. Quel que fût son mérite, l'opinion se décidait malaisément à le placer au niveau de ses collègues de l'enseignement classique.

On a beaucoup fait pour remédier à cette infériorité d'une branche aussi importante des études. Les leçons de langues vivantes commencent plus tôt; on leur donne une sanction à l'examen du baccalauréat. Les maîtres sont choisis avec plus de discernement; on exige d'eux plus de titres, plus de garanties de savoir et de talent. Cependant un brillant élève de rhétorique, qui songe à entrer dans l'Université, peut hésiter entre les lettres, l'histoire et la philosophie; si son ambition est déçue, il se résignera à la grammaire; il ne se tournera pas vers les langues vivantes. L'École Normale, qui fournit au corps enseignant une aristocratie respectée, quoique non exclusive, n'a point de section d'anglais ou d'allemand. Si distingués que soient les professeurs qui apprennent à la jeunesse à lire Gœthe et Shakespeare, ils manquent de cette autorité littéraire et morale que procure le souvenir des succès scolaires. Ils sont toujours un peu hors cadres. De même les

bons élèves ne sont pas classés parmi ceux dont une maison s'honore. Leur force tient souvent aux circonstances de leur éducation ; comme elle leur vient du dehors, on leur en sait moins de gré ; l'Université n'accorde toute son estime qu'au mérite qu'on lui doit sans partage.

Les langues vivantes sont si utiles, que leur utilité même leur fait tort. On sait combien elles rendent de services aux employés, aux commis, aux voyageurs de commerce. On les accuserait volontiers de n'être qu'un gagne-pain, de ne convenir qu'aux petites gens. Le collégien pense qu'il aura peut-être besoin de l'anglais, si ses parents tombent dans la pauvreté, s'il échoue lui-même dans ses vastes desseins ; une étude qui peut devenir une ressource n'est pas une étude assez libérale pour intéresser fortement l'amour-propre. On songe aussi aux voyages, mais on se flatte d'en savoir toujours assez pour se tirer d'affaire à table d'hôte et pour donner un ordre à un garçon d'hôtel.

Il y a un demi-siècle, les langues vivantes étaient plus à la mode, parce que le romantisme faisait la guerre aux anciens, et s'appuyait sur les littératures modernes. Shakespeare étant dieu, son idiome était bien un peu sacré. Victor Hugo s'inspirait des Espagnols ; les noms de Calderon et de Lope de Vega étaient devenus familiers à nos pères. La gloire olympienne de Gœthe, le prestige quasi mystique de la philosophie allemande, la popularité européenne de Walter Scott, le culte passionné que Byron inspirait à la jeunesse fougueuse et mélancolique, la sombre grandeur de Dante, tenaient en échec la trinité classique des langues mortes et du français. Sous Louis-Philippe, on éditait à Paris des collections d'auteurs étrangers ; aujourd'hui quand nous voulons lire un livre anglais, nous le faisons venir de Leipzig. Notre connaissance des littératures étrangères a baissé ; elles nous intéressent moins parce qu'elles ne nous inspirent pas d'enthousiasme. Nous ne cherchons plus de modèles hors de nos frontières. Hugo suffit à nos poètes, Balzac à nos romanciers. Le théâtre français, qui semblait vouloir embrasser le monde et offrir comme un panorama de tous les pays et de tous les siècles, est devenu exclusivement parisien et contemporain, et provisoirement ne s'en trouve point mal, en attendant l'inévitable et prochaine décadence que produit la monotonie. Notre curio-

sité se prend désormais aux monuments des arts
et aux costumes, plutôt qu'à la littérature. Nos
récits de voyages sont ornés de belles gravures,
et non plus de belles citations. D'ailleurs les contrées voisines semblent trop connues et presque
vulgaires à nos esprits blasés ; parlez-nous de la
Chine, du Japon, de l'Australie et du Congo.
Yokohama et Shang-Haï seront bientôt pour nous
des cités plus familières que Hambourg et Glas-
gow, et ce n'est pas la peine de sortir de chez soi,
si l'on ne va au moins jusqu'à San-Francisco.

Quelle que soit la bonne volonté des puissants
qui rédigent les programmes, l'étude des langues
vivantes ne deviendra florissante que quand elle
sera vraiment littéraire. L'obligation ne suffit
pas ; il y faut la mode et le goût ; pour éveiller le
goût, excitez au moins l'admiration ; faites sentir
aux élèves que les lettres modernes ont aussi leur
grandeur et leur beauté, qu'il ne s'agit pas uniquement de gagner une place à un comptoir, ou
de se mettre dans l'esprit un guide du voyageur
à l'étranger.

On commencera donc de bonne heure, dès
l'entrée au collège, dès le début des études, et
l'on abordera au moins deux langues. Ne crai-

gnons pas de trop demander à la mémoire, à
l'âge où la mémoire est la plus florissante des
facultés. Évitons autant que possible le fatras de
la grammaire et les épines de la syntaxe. Il faut
qu'à treize ou quatorze ans, nos collégiens soient
en état de lire très couramment des auteurs
même assez difficiles ; mais.ce n'est pas en se
traînant sur les rudiments.et les thèmes qu'ils y
parviendront.

Nous avons coutume de nous féliciter de la
clarté supérieure de notre langue, et nous disons souvent que les idées des autres peuples ont
besoin d'être polies et monnayées par nous pour
entrer dans le patrimoine du genre humain ;
nous sommes très fiers du privilège qui impose
le français aux diplomates. Il y a dans cet
orgueil plus de souvenirs historiques que de
conscience de la réalité présente. Ni l'Académie
de Berlin, ni aucune autre Académie ne mettrait
aujourd'hui au concours une dissertation sur
l'universalité de la langue française. L'anglais
nous dispute le premier rang ; on pense sans
doute à Londres que la lutte est terminée et que
nous ne sommes pas vainqueurs. Il y a plus d'un
motif de le croire ou de le craindre. Le langage

du commerce est aujourd'hui plus important que le langage des cours, et nos rivaux sont les premiers commerçants du monde. Il n'y a qu'une nation française; il y a déjà au moins deux nations anglaises, et bientôt l'Australie comptera pour la troisième. Dans un temps où le nombre fait la loi, même en littérature, parce que la foule se met à lire, c'est beaucoup d'écrire pour un public de cent millions d'hommes. L'anglais sert d'organe à des sociétés profondément diverses, à la plus riche des aristocraties comme à la démocratie la plus florissante. Les habitants des Iles Britanniques sont les plus grands voyageurs du monde, et paient pour trouver partout leurs habitudes, leur thé, leur roastbeef et leur langue. Ils sont raides, impérieux, exigeants, et les autres peuples se plient à leurs exigences.

Ayons le courage de l'avouer : la langue et la littérature anglaises ne sont pas indignes de cette fortune. La première est simple, brève, exempte de subtilités grammaticales, née pour le commandement et le raisonnement. Sans les caprices de la prononciation, elle serait presque parfaite. Elle est pour ainsi dire double; le latin et le français ont grossi d'un riche affluent le fleuve originaire de l'anglo-saxon. Quand vous passez de Gibbon à Carlyle, vous entrez dans un vocabulaire nouveau. Mais le fond est resté anglo-saxon, c'est-à-dire vigoureux, concis, des os, des nerfs, des muscles, et point de chair inutile. Traduisez en anglais une page de prose espagnole contemporaine : vous gagnerez dix lignes sur vingt. On sent qu'on a affaire à un peuple qui parle pour l'esprit plus que pour l'oreille, qui sait le prix du temps, et ne s'endort pas à s'écouter. Comparez Castelar à Bright; le premier a l'air d'un musicien.

Cette énergie n'exclut pas la souplesse et la variété. Toutes les nuances de la poésie et de la pensée trouvent en anglais leur expression. L'œuvre de Shakespeare est un monde de mots, d'images et de sentiments ; et quel écrivain pourrait-on placer au-dessus de Macaulay pour la largeur des développements, la splendeur du style et cette profusion d'ornements qui charment l'esprit sans le distraire, qui illuminent le discours sans fatiguer l'imagination ? Mettez dans la balance la littérature latine et la littérature anglaise, sans tenir compte à celle-ci de la multitude des talents de second ordre, et vous

avouerez que la religion du beau peut aussi bien s'enseigner dans un séjour à Londres que dans un séjour à Rome.

Enfin l'anglais est peut-être la langue dans laquelle la pensée moderne s'exprime avec le plus de hardiesse et de fécondité. Nous avons été épris de Fichte, de Schelling, de Hegel, de toute cette pléïade de génies nébuleux, qui ont perdu leur temps à faire passer des conceptions imaginaires dans le crible de la dialectique. Les Allemands nous ont étonnés par leur obscurité. Mais c'est en Angleterre que par l'étroite union de la pensée avec les faits de la nature et de l'histoire, la philosophie du XIXe siècle fleurit et mûrit. Quels noms le temps présent peut-il opposer à ceux de Stuart Mill, de Darwin, de Buckle, de Herbert Spencer ? Ailleurs on fait autant de découvertes scientifiques : c'est à Londres et dans les campagnes qui entourent Londres, que les matériaux amassés par la patience et la pénétration des savants, se groupent et s'entassent pour former ces monuments dont la grandeur n'exclut pas la force, et qui unissent la beauté de la forme à la solidité du fond. Si la capitale de l'esprit humain est la ville où se préparent et s'accomplissent les

révolutions de la pensée, et non celle où se donne
le signal des bouleversements politiques, Paris
a au moins une rivale à respecter. Il est vrai que
toute la France se concentre à Paris, tandis que
Londres n'absorbe pas l'Angleterre. L'avantage
reste à notre cité, mais non à notre pays.

Quand notre élève se sera familiarisé avec la
langue, et je lui donne pour cela quatre ou cinq
ans, il lui restera trois ou quatre ans pour suivre
un cours de littérature anglaise, pour lire et étudier les classiques d'outre-Manche, pour faire, si
vous le voulez, ses humanités. Les maîtres et les
modèles auront changé, mais la culture intellectuelle n'y aura rien perdu. Au lieu de traduire
péniblement une cinquantaine de pages de deux
auteurs anciens, nous parcourrons chaque année,
sans trop de peine, une douzaine de volumes.
Nous remplacerons les versions et les thèmes par
des analyses et par quelques devoirs écrits en
anglais. Croit-on que des jeunes gens qui, pendant une année entière, auront lu ou résumé
deux fois par semaine le théâtre de Shakespeare,
qui auront passé dix mois dans la fréquentation
de Macaulay, n'auront pas autant de goût, un
sentiment aussi élevé du beau et du sublime, l'es-

prit aussi orné que s'ils avaient pendant la même période laborieusement expliqué un petit discours de Cicéron, trois ou quatre cents vers de Virgile, une ou deux épîtres d'Horace et la moitié d'un livre des *Annales*? Dira-t-on que, si le résultat doit être le même, ce n'est pas la peine d'essayer un changement si difficile, de rompre avec une tradition si respectable? Mais le résultat n'est pas le même. Notre humaniste classique est à peine bachelier qu'il se hâte de brûler ou de vendre ses livres, d'oublier le peu qu'il sait de latin. S'il a orné et fortifié son esprit, il ne polira ni n'enrichira cette parure, il ne cherchera pas l'entretien de sa force intellectuelle dans la continuation des mêmes exercices. Le collégien que je rêve ne sera nullement tenté de rompre avec le passé. Au sortir de ses classes il lira le *Times* et la *Revue d'Edimbourg*, les derniers romans britanniques, les traités spéciaux et les publications périodiques qui l'intéressent selon la carrière qu'il aura choisie. Il n'attendra pas le bon plaisir des traducteurs pour connaître la part que nos voisins prennent au progrès humain. Enfin, s'il se destine au commerce, à la banque, à l'industrie, s'il voyage pour s'instruire ou pour vivre, la connaissance approfondie de la langue anglaise lui sera utile, matériellement, grossièrement utile. C'est fâcheux, mais je m'y résigne sans trop rougir.

L'allemand nous intéresse presque autant que l'anglais, quoique pour d'autres motifs. C'est la langue de soixante millions d'Européens, la langue de nos plus proches voisins, des maîtres actuels de l'Alsace-Lorraine. Mais ce n'est pas seulement en vue de la guerre qu'il faut l'apprendre ; c'est aussi, c'est surtout en vue de la paix. En dépit des rancunes les plus légitimes, les relations commerciales entre la France et les pays germaniques sont sans cesse plus étendues. L'empire d'Allemagne, l'Autriche et la Suisse forment un ensemble de populations que nous aurons toujours intérêt à bien connaître. La littérature d'outre-Rhin est aujourd'hui moins brillante qu'il y a trois quarts de siècle, moins brillante que celle d'outre-Manche. Malgré la vogue dont jouissónt les fantaisies pessimistes de Schopenhauer, Mme de Staël, aujourd'hui, nous parlerait moins des philosophes et des poètes; elle verrait trop de canons. Mais en cessant de disputer le prix de l'art d'écrire, l'Allemagne s'est emparée du premier rang dans la science proprement dite, au moins par la masse des travaux de détail. Ses Universités, déjà vieilles et toujours jeunes, sont restées des foyers de recherche et d'étude patiente, et nous gagnerons beaucoup à nous donner le spectacle de leur activité.

La connaissance de l'allemand est presque nécessaire à la plupart des professions, aux militaires, aux médecins, aux savants, aux négociants, aux industriels. La rivalité qui met les deux nations aux prises sur tant de champs de bataille, nous oblige à suivre nos rivaux d'un œil attentif, et nous ne serons pas entièrement sortis de notre isolement intellectuel, tant que nous ne saurons pas jour par jour ce qui se fait, se dit et se pense chez nos voisins de l'Est, dans leurs ateliers comme dans leurs écoles et dans leurs casernes.

La langue allemande est plus difficile que l'anglaise, plus éloignée de la nôtre par son génie et sa syntaxe. Aussi l'étude en est-elle d'abord plus rebutante. La conjugaison n'a pas cette simplicité algébrique qui rend l'anglais si accessible ; la construction est bizarre et enchevêtrée. Il est presque nécessaire, pour arriver aux au-

teurs, de passer par la grammaire, tout en n'y
séjournant que le moins possible ; mais c'est une
écorce qu'on doit traverser pour atteindre le
fruit. Or le fruit est plus savoureux qu'il ne
semble. L'allemand est peut-être la plus vivante
des langues, celle qui tire le plus facilement de
son propre sein les mots nouveaux et les nouvelles combinaisons de mots. Presque tous les
termes que les savants modernes demandent au
grec pour n'être pas trop vite compris, les Allemands peuvent, s'il leur plaît, les composer sans
sortir de chez eux. Cette faculté de composition,
que nulle autre langue classique ne possède au
même degré, et qui fait penser au grec ancien,
donne au vocabulaire germanique je ne sais quoi
de flottant et de souple dont la poésie et la philosophie profitent également. Certaines pages de
Heine nous font assister à la végétation du langage ; on voit, en les lisant, les mots pousser et
s'épanouir comme des fleurs aux couleurs écla-
tantes et aux nuances variées.

La littérature allemande est moins riche que
la nôtre et que celle des Anglais. Elle a pourtant
ses beautés propres, ses splendeurs et ses par-
fums. Il n'en est point de plus populaire, qui

traduise mieux les sentiments naïfs et tendres, qui exprime mieux l'amour et la rêverie. L'Allemagne est la terre classique des légendes, des ballades, du vrai romantisme. Ses poètes lyriques ont fait longtemps nos délices : qui n'a été charmé en lisant à vingt ans Uhland et Rückert? Sans les fatalités de la politique et de la guerre, sans les maîtres d'école qui ont enseigné là-bas la haine du nom français, sans les fous qui nous ont jetés dans une funeste aventure, les deux peuples étaient faits pour s'aimer. Nous avons été au dix-huitième siècle les précepteurs de l'Allemagne; au dix-neuvième, nous avons raffolé de sa philosophie, de sa poésie, de ses paysages et de ses châteaux en ruines; elle a inspiré tour à tour Mme de Staël et le grand poète qui a écrit le *Rhin*. Quand nous oublions les justes colères du présent, nous sentons couler dans nos veines un peu du sang que Clovis apporta dans les Gaules, et qui fait les Français parents des Franconiens.

Pour l'allemand comme pour l'anglais, l'étude de la littérature fera suite à celle de la langue, et les élèves se rendront familières les œuvres les plus intéressantes de Gœthe, de Schiller, de

Lessing, de Herder et des poètes contemporains. Leurs lectures devront être assez variées pour qu'ils comprennent avec une égale facilité une thèse de philosophie, un mémoire scientifique, le compte rendu d'une séance parlementaire. N'oublions pas que l'un des plus précieux résultats du progrès que nous voulons accomplir dans la connaissance des langues vivantes, c'est d'habituer les nouvelles générations à chercher dans les journaux et dans les revues de l'étranger, toutes les informations qui peuvent les intéresser. Nous aurons beaucoup gagné quand nous ne dépendrons plus des traducteurs et des agences télégraphiques, quand nos idées sur les peuples et les gouvernements ne seront plus élaborées par une espèce de bureaucratie généralement anonyme, qui impose à tous les Français ses goûts, ses préjugés, ses ignorances et ses erreurs.

Un des moyens les plus efficaces de pénétrer le génie et le caractère des nations voisines, serait d'étudier dans leur propre langue leurs institutions, la géographie de leur sol, et surtout leur histoire. Nous ne savons pas assez combien les mêmes événements sont racontés et jugés de façon différente selon la nationalité du narrateur.

Aussi sommes-nous portés à nous exagérer nos mérites et nos succès, les torts et les revers de nos rivaux. C'est au collège que s'instruisent et se forment presque tous les citoyens qui seront appelés un jour à diriger notre politique, soit comme ministres et comme diplomates, soit comme membres des Assemblées législatives. Tel vote qui engage l'avenir et la sécurité de la France est rendu par des gens qui, pour la plupart, méconnaissent complètement l'état de l'opinion publique hors de nos frontières. Dans ses relations avec l'étranger, le gouvernement reçoit son mandat d'une majorité qui n'a elle-même pour l'éclairer que des correspondances ou médiocres ou systématiques, et des extraits de journaux choisis et arrangés au point de vue de nos propres feuilles.

Bien des Français sont persuadés que l'Allemagne s'est donné sur nous un immense avantage en lâchant sur notre territoire toute une armée d'espions. Ils ajoutent que la générosité naturelle de notre caractère ne nous permettra jamais de lutter à armes égales sur ce terrain. Ce qui est vrai, c'est que le plus utile et le plus irréprochable des espionnages consiste simplement à lire avec attention les journaux d'un pays, car tout y est·pour qui sait voir et comprendre.

L'anglais et l'allemand doivent former, avec la langue nationale, la base de la culture littéraire que nous demandons à l'enseignement secondaire. Même si nous parvenons à nous dégoûter de l'uniformité, il sera difficile de dispenser nos élèves de l'anglais ou de l'allemand. Mais, si la suppression du grec et du latin leur laisse encore du temps, si les langues ont pour eux quelque attrait, l'espagnol et l'italien pourront les tenter. L'espagnol notamment serait fort utile. Nos relations avec les républiques de l'Amérique latine sont très actives et pourraient l'être davantage. Ce groupe de nations jeunes et grandissantes qui se ressemblent par l'origine, les idées, les mœurs, les traditions et les tendances, manque d'une capitale au moins intellectuelle, qui pourrait devenir un centre économique. Il y a là pour notre Paris une place à prendre, un rôle à jouer, à la fois honorable et lucratif. Nulle autre cité n'attire aussi fortement les habitants des républiques espagnoles, et il serait peut-être de bonne politique d'offrir à leur jeunesse des moyens d'instruction spécialement adaptés à leurs goûts et à leurs besoins. Tandis que nous élargirions le cercle de notre influence morale, nous ouvririons, par une conséquence certaine, un champ plus vaste à l'activité des Français qui voudront aller au loin chercher fortune par le travail. Les émigrants ne contribuent pas peu à la force et à la richesse de leur pays, quand ils sont capables de rendre des services aux pays qu'ils vont habiter. Les Anglais nous le prouvent depuis longtemps, et les Allemands le savent bien aujourd'hui. Or les vastes contrées où se parle l'espagnol offrent à nos jeunes concitoyens, comme à notre industrie, un débouché que nous pouvons disputer à nos rivaux.

L'italien, qui possède une littérature plus riche et plus classique, présente peut-être moins d'avantages au point de vue économique. Il trouvera pourtant aussi ses volontaires. L'Italie a pris place parmi les grandes puissances ; nous avons beaucoup à craindre de son hostilité ; l'activité politique, commerciale, intellectuelle de ce peuple rajeuni ne manquera pas d'exciter de plus en plus notre curiosité, et nos échanges avec la Péninsule iront sans doute croissants. Il faudra donc instituer des cours libres pour l'italien comme pour l'espagnol. Peut-être trouvera-t-on utile d'enseigner çà et là le russe, notamment à Paris. Chaque jour l'empire des tsars se rapproche de nous, puisque la marche de la civilisation réduit chaque jour les distances. Un temps viendra où les hommes se déplaceront assez facilement pour que l'on puisse dire que les Russes sont à nos portes. Ce grand peuple, que l'étendue de son territoire et sa fécondité font déjà si puissant et si riche, n'est pas encore sur le point de se passer des étrangers. Les Allemands lui rendent des services qu'il demanderait volontiers à d'autres; il les subit et ne les aime pas. Là encore, la jeunesse française trouvera un large débouché, quand elle aimera mieux prendre l'air dans le vaste monde que de s'étouffer à l'entrée des fonctions publiques. Nous avons cru jusqu'ici qu'il suffisait de parler français pour être bien accueilli des Russes : ce ne sera peut-être pas toujours vrai. D'ailleurs les gens qui ne connaissent pas la langue d'un pays sont bornés dans le choix de leur profession ; le commerce notamment leur est à peu près interdit.

Il est encore d'autres langues qui peuvent revendiquer une place, si modeste qu'elle soit, dans notre enseignement secondaire : ce sont les langues orientales. Nous gouvernons trois ou quatre millions d'Arabes ; nous allons gouverner quinze ou vingt millions d'Annamites. Peut-être disputerons-nous un jour aux Anglais et aux Allemands une partie du commerce de la Chine et du Japon. L'arabe, l'annamite, le chinois et le japonais seraient fort utiles à un grand nombre d'élèves qui se disposent à entrer soit dans certaines administrations, soit dans la carrière commerciale. On pourrait ouvrir dans quelques collèges des cours où les élèves apprendraient les éléments de l'une de ces langues, ou créer des écoles spéciales où les jeunes Français coudoieraient de jeunes Arabes ou de jeunes Orientaux. Mais nous entrons ici dans l'exception ; il suffit de faire remarquer en passant que la fondation d'un empire colonial oblige l'État à préparer le recrutement d'un corps nouveau ajouté à son armée de fonctionnaires, et que le désir d'étendre nos relations d'affaires nous engage à ne plus considérer les langues de l'Asie comme de purs objets d'érudition et de curiosité savante.

CHAPITRE XIII

LE FRANÇAIS

Nous savons le français sans nous donner la peine de l'apprendre ; il suffit d'écouter ceux qui le parlent bien, et de lire les auteurs qui l'ont bien écrit. Il semble que ce bienfait de la nature nous ait déplu parce qu'il était gratuit ; nous avons cherché le moyen de faire payer chèrement aux écoliers ce qu'ils pouvaient avoir pour rien, et nous l'avons trouvé. On a traité la langue maternelle comme une langue morte ; on l'a hérissée de grammaire, d'orthographe et d'analyses ; on a élevé autour d'elle un rempart de règles, d'abstractions et de subtilités, et comme pour dégoûter sans retard les enfants de l'étude,

on les a jetés, à peine sortis des bras de la nour-
rice, dans les halliers des participes et les broussailles de l'imparfait du subjonctif. Une grande
partie du travail que la jeunesse des écoles primaires consacre à s'instruire est sacrifiée à la
tyrannie de l'orthographe ; cette science de convention dévore les heures les plus précieuses de
la vie. N'adoptera-t-on pas une autre mesure de
la valeur des gens et verra-t-on jusqu'à la con-
sommation des siècles le dragon de la dictée
garder l'entrée de la plupart des carrières ?

Nos élèves ne sont pas obligés de boucler avant
treize ans tout leur bagage d'instruction ; je voudrais qu'on leur épargnât les tortures de la grammaire. L'orthographe d'usage leur viendra d'elle-
même ; quant aux règles, on les leur expliquera
en peu d'heures quand ils seront en état de les
comprendre. Je ne parle pas des prétendues analyses logique et grammaticale, qui semblent avoir
été inventées uniquement pour tuer le temps de
la façon la plus triste. Voilà l'enseignement du
français bien simplifié, au moins dans les classes
élémentaires. On apprendra par cœur les fables
de la Fontaine comme le vrai trésor des citations
et allusions, de la conversation française ; quel-

ques autres poésies seront également logées dans
la mémoire des enfants, mais avec choix et avec
sobriété. Peu de préceptes, de sermons et de
moralités : cela dégoûte de la morale. Les tra-
giques sont de bonne heure intelligibles, Corneille
surtout. Est-il nécessaire de faire apprendre par
cœur des morceaux de prose ? C'est un exercice
très pénible pour certains esprits ; au moins n'en
faut-il pas abuser.

Ce n'est donc pas pour mettre plus au large
l'enseignement de la langue maternelle que je
fais la guerre aux langues anciennes. Les leçons
de français ont un défaut grave : elles sont généralement vides, ce qui les rend fort ennuyeuses, et pour qui les donne, et pour qui les reçoit.
Dans la plupart des examens on a placé une
épreuve qui s'appelle l'explication d'auteurs français ; elle met au supplice les candidats et les juges ; j'avoue n'avoir trouvé dans ma vie qu'un
seul professeur qui donnât à cet exercice un sens
tout à fait satisfaisant ; encore faut-il ajouter qu'il
avait quitté la chaire pour la direction des études,
et que je ne l'ai entendu que deux ou trois fois.
Presque toujours le temps se passe à éclaircir
des phrases et des mots clairs comme le jour, à

orner les plus beaux textes de commentaires insi-
pides, à suer sang et eau pour débiter des plati-
tudes sur des chefs-d'œuvre. Sans doute il faudra
bien lire quelques classiques, mais le maître ne
se croira pas obligé de les couper par des observations inutiles, à moins qu'il ne faille signaler
les variations du langage, des idées et des
mœurs, et indiquer les circonstances historiques
que les élèves ne connaissent pas encore. Mais
on les engagera à lire beaucoup eux-mêmes et à
rendre compte de leurs lectures par des analyses
orales ou écrites, tout en évitant de les mettre
aux prises avec des matières au-dessus de leur
âge.

Est-il besoin de condamner formellement les
traités de rhétorique et de style qu'on nous mettait jadis entre les mains, et qui nous apprenaient
que l'exorde doit être approprié au sujet, la narration oratoire brève et claire, et la péroraison
pathétique? Les figures de diction et de pensée
sont encore plus discréditées; l'antonomase et la
synecdoche sont bannies de la cervelle des honnêtes gens : on les découvre malaisément dans
les provinces les plus reculées.

Les exercices de style ne doivent être ni multipliés ni prématurés. Meublez la mémoire des enfants d'un trésor de faits et de mots avant de les contraindre à faire preuve d'invention. Rappelons-nous que nous avons du temps. Ce n'est qu'à partir de la seconde ou de la troisième que nous demanderons à nos élèves autre chose que de simples reproductions. Il n'est pas bon de les exercer de trop bonne heure à traduire platement des pensées vulgaires. Le collège n'est pas, quoi qu'on en pense, une école de journalisme : c'est le savoir qui est le véritable but de l'éducation, et non l'éloquence, ni même la facilité à se servir de la plume et de la parole. Une certaine gaucherie d'expression ne messied pas aux jeunes collégiens. Qu'ils se mêlent à la conversation avec pudeur ; qu'ils se défient d'eux-mêmes, de leur jugement, de leurs opinions. Pourquoi les pousser de si bonne heure à se croire des hommes, à trancher et à décider ? On ne fabrique que trop de petits prodiges qui rendent des oracles devant leurs pères, et à qui fait défaut la première vertu de leur âge, la timidité. Il faut, dit-on, apprendre aux enfants à mettre de l'ordre dans leurs idées. Oui, quand ils en ont, et ils n'en ont pas si tôt qu'on pense. Craignez de les habituer à prendre et à passer leur cuivre pour de l'or. Si les parents ont le tort de souhaiter une moisson anticipée et des fruits avant la saison, nous n'avons pas à leur complaire, ni à donner à nos élèves des leçons de charlatanisme. Ils sont Français et sauront bien faire valoir leur mérite quand il en sera temps : ce n'est pas ce qui nous manque. La vie nous apprend à étaler ; que l'enfance du moins soit toute au soin d'amasser.

Sur quels sujets nos élèves doivent-ils exercer leur faculté d'invention, quand l'heure sera enfin venue d'y faire appel ? Le discours est quelque peu tombé en discrédit. On trouve ridicule que l'écolier fasse parler Alexandre et Turenne, Périclès et Boileau. Sans doute il connaît peu ces grands hommes : ne les connaît-il pas encore mieux que certaines matières qu'on prétend lui offrir pour le mettre à son aise, comme la haute critique d'art, la description des paysages et l'analyse des sensations complexes que provoquent les circonstances de la vie contemporaine ? On a peut-être condamné trop durement le discours. Le rhétoricien n'y exprimait guère que les pensées et les sentiments avec lesquels la littérature classique l'avait familiarisé ; il rendait à

César ce qui venait de César, après y avoir mis sa marque personnelle. Il y avait dans ce genre d'exercice je ne sais quoi de romanesque qui échauffait ces jeunes cœurs et qui les poussait peut-être un peu vers la déclamation, mais vers une déclamation honnête et flère. J'ai vu tel cahier de textes de la classe de rhétorique qui formait par l'ensemble des sujets de discours un traité de morale humaine et civique plus entraînant que les livres les plus estimables où cette partie de l'éducation ait été codifiée par d'excellents philosophes.

Pour l'écolier moderne, comme pour les historiens de l'antiquité, le discours vise à mettre en relief les sentiments que les événements fameux ont dû provoquer dans l'âme des acteurs; c'est une application de la psychologie à l'histoire, une conjecture sur les pensées et les passions des peuples et des grands hommes et non pas, comme on le croit trop aisément, un simple exercice de style, un verbiage creux et sonore. Mais combien de rhétoriciens atteignent le but et réalisent l'intention du maître ? Ce qui est pour eux un travail fécond n'est pour la foule des médiocres qu'un labour ingrat et stérile. Où les idées manquent, il est toujours mauvais de contraindre l'élève à accumuler les mots et les phrases.

Aussi appartient-il au professeur de choisir les sujets de composition française d'après la force des élèves et aussi d'après son propre goût. Disons-le en passant, il ne faut pas songer tellement à l'intérêt des élèves qu'on oublie le goût du professeur. Ce sont les hommes qui appliquent les méthodes, et ils ne les appliquent bien que si elles leur plaisent. Une classe bien faite n'est pas la mise en pratique d'une recette officielle ou d'un programme consacré par les circulaires : c'est la collaboration et la communion d'un esprit mûr et d'une âme virile avec de jeunes esprits et de jeunes âmes. Gardons-nous de perfectionner la mécanique de l'enseignement au point d'en chasser la vie et la flamme. Laissons une part, et une large part, à l'initiative des citoyens à qui nous confions la jeunesse. Il y a longtemps qu'ils soutiennent une lutte sourde et vaine contre le despotisme de la lettre, la manie de l'uniformité, l'esprit administratif et bureaucratique ; ils ne s'y soumettent qu'en s'endormant. Le ministre qui disait avec un sot orgueil qu'à la même heure tous les élèves faisaient le même devoir dans tous les lycées de France, aurait pu ajouter que dans beaucoup de lycées on le faisait sans plaisir, sans entrain et sans fruit. Ce danger est si grand que si l'on n'y prend garde, le progrès de la pédagogie ne fera que hâter la décadence des études. On sera si bien édifié sur les meilleurs procédés d'enseignement que les maîtres n'oseront plus n'être point parfaits, et qu'ils deviendront nuls.

Faut-il conserver une liste sacrosainte des livres classiques éternellement imposés à l'admiration des élèves ? Il conviendra du moins de laisser aux professeurs une assez grande liberté à cet égard, et les professeurs eux-mêmes encourageront les élèves dans leurs excursions indépendantes à travers la littérature même moderne. Éviter l'ennui, et faire naître l'amour de la lecture, voilà le but ; peu importe le chemin. Il y a des œuvres d'une beauté immortelle que tout Français doit connaître, mais que les jeunes gens ne peuvent goûter avant que le sentiment littéraire se soit éveillé dans leur esprit. Ce serait grand dommage s'ils quittaient le collège sans avoir étudié les *Oraisons funèbres*, les *Pensées* de Pascal. Mais on risque de les rebuter si on les met trop tôt à cette forte nourriture. L'histoire intéresse tous les âges : Quintilien prétend même qu'elle n'a pas besoin pour cela d'être bien écrite. On peut joindre au *Charles XII* de Voltaire quelques œuvres contemporaines, la *Conquête de l'Angleterre*, d'Augustin Thierry, la *Campagne de 1812*, de Philippe de Ségur, les *Faux Démétrius*, de Mérimée, les premiers volumes de l'*Histoire de France*, de Michelet.

L'étude du vieux français appartient-elle à l'enseignement secondaire ou à l'enseignement supérieur ? Il serait à désirer qu'on pût l'aborder dès le collège. Les élèves prendront plaisir à retrouver les mots modernes sous une forme ancienne. Nos poètes du moyen âge méritent d'être expliqués et commentés ; ce sont des sources précieuses pour la connaissance des mœurs et des idées de nos pères. La *Chanson de Roland* est notre Iliade. Avec sa langue pauvre et sa versification primitive, cette épopée est peut-être le plus fier morceau de poésie guerrière qu'aucun peuple ait jamais possédé depuis les Grecs. L'auteur anonyme de ce chef-d'œuvre si longtemps inconnu, est plus près d'Homère que Virgile lui-même. Toute la chrétienté l'a chanté, récité, imité, de la Grèce à l'Islande. Notre Roland est l'Achille de la féodalité, le héros favori d'un siècle où la France était déjà ce qu'elle est redevenue plus tard pour moins de temps, la grande nation. Charlemagne est au moins un demi-Teuton ; Roland est bien à nous : c'est la « douce France » qu'il aime, et c'est pour la préserver de toute honte qu'il se fait tuer avec tant de grandeur. Avant Jeanne d'Arc, avant Duguesclin, avant saint Louis, un trouvère ignoré a jeté dans le monde un cri retentissant d'amour pour notre patrie. L'érudit qui a découvert le manuscrit de son œuvre a vieilli de plusieurs siècles nos titres de noblesse.

En vain prétendrait-on que la connaissance du latin est nécessaire à qui veut comprendre l'ancien français. C'est un préjugé que l'expérience ne justifierait pas. Dès l'époque de la *Chanson de Roland* la séparation est accomplie ; parfois même les mots de notre vieux langage, tirés de la source par le peuple, en sont plus éloignés que les mots analogues employés aujourd'hui. Si l'on comparait le vocabulaire de Joinville à celui de Bossuet, on trouverait peut-être que c'est le dernier qui se rapproche le plus de Cicéron.

CHAPITRE XIV

L'HISTOIRE

L'histoire a su conquérir une place à côté des langues mortes. On ne la considérait jadis que comme une dépendance des humanités ; on ne lui demandait que d'éclairer les classiques et de fournir le discours d'exemples et d'allusions. Elle a maintenant ses professeurs distincts, et on ne lui dispute plus le droit d'occuper au moins une classe par semaine. On s'effraie cependant de son immensité ; on craint qu'elle n'abuse de ses droits nouveaux, et qu'elle n'inflige à la mémoire des enfants un fardeau trop lourd. Elle est au moins suspecte d'ambition, et le latin la menace d'un retour offensif. Comme chaque maître est tenté de tirer à lui la plus large part du temps et de l'attention des écoliers, on essaie de remédier aux empiètements de l'histoire en la laissant enseigner le plus longtemps possible par le professeur de grammaire ; celui-là, on l'espère du moins, n'accablera point les élèves d'une érudition qu'il n'est pas obligé de posséder.

Cependant, loin de restreindre la part faite à l'histoire, il devient presque nécessaire de l'élargir, car l'histoire elle-même s'agrandit pour ainsi dire dans tous les sens ; elle gagne en étendue et en profondeur.

Il y a cent ans, un Français pouvait se croire suffisamment instruit s'il connaissait, avec les annales de son pays, celles de la Judée, de la Grèce et de Rome, et celles des différents peuples européens seulement en ce qui nous touche. Il possédait ainsi les origines de notre culture laïque et religieuse. L'Angleterre, l'Espagne, l'Autriche, ne lui apparaissaient que comme des rivales de notre monarchie ; l'Allemagne et l'Italie n'étaient que des champs de bataille ; il fallait aussi savoir que nous devons la Réforme aux Allemands et la Renaissance aux Italiens. Cependant notre horizon s'éloigne peu à peu. A mesure que la guerre et la paix nous mettent en relations avec nos voisins, nous sentons le besoin de nous renseigner sur leur passé. C'est de nos jours surtout que cette nécessité éclate à tous les yeux. Les Anglais ne sont plus nos ennemis six fois séculaires : ce sont nos devancie s dans l'art d'être libre, et les inventeurs de ce régime parlementaire que nous essayons depuis si longtemps d'acclimater chez nous. L'Italie, devenue l'une des grandes puissances, sollicite notre 'attention. Comprendrons-nous la résurrection de l'empire d'Allemagne, si nous ignorons les grandeurs du moyen âge teutonique ? Guillaume Ier est le successeur des Ottons et des Frédérics de Hohenstaufen, aussi bien que des margraves et des électeurs do Brandebourg.

La Russie joue dans les affaires européennes un rôle si important, que nous devons remonter aux origines de cette grande nation, et ses origines seraient obscures si nous prenions le règne de Pierre-le-Grand pour point de départ. Les peuples danubiens se réveillent ; l'Autriche n'est plus pour nous qu'une confédération monarchique ; les Hongrois et les Slaves du Danube ont droit à toute notre curiosité. N'oublions pas que les Portugais ont découvert la route des Indes, que les Scandinaves ont été plus d'une fois pour nous des alliés utiles. La décomposition de l'empire ottoman serait inintelligible pour qui n'en aurait pas étudié la formation.

L'Amérique est entrée dans le cercle de la civilisation. Les États-Unis ne datent point de la déclaration d'indépendance : c'est l'enfance des colonies anglaises qui nous explique la prospérité de leur âge mûr. De même les possessions espagnoles sont devenues des États libres et riches, sinon florissants; ne rattacherons-nous pas leurs agitations présentes à la longue torpeur où les plongea le double despotisme de l'Église et de la métropole?

Négligerons-nous l'Asie ? L'Inde est aujourd'hui la plus riche dépendance d'un État européen; la Chine attire tous les regards ; le Japon vient d'accomplir sous nos yeux la plus subite et la plus prodigieuse des révolutions : il est des nôtres. Chaque nation, en s'asseyant à son tour au banquet de la civilisation, nous invite à nous enquérir de son passé, à chercher dans son histoire le secret de ses vertus et de ses vices. Ces peuples nouveaux venus ne sont pas des parvenus ; ils ont leurs titres de noblesse, leurs archives curieuses et précieuses, leur arbre généalogique ; ils ont, tout comme nos voisins, le droit d'être connus de nous : ne sont-ils pas aussi nos voisins, depuis que la vapeur nous met à leurs portes et que le commerce fait d'eux nos chalands ou nos fournisseurs, nos associés ou nos concurrents ?

On sait maintenant que les colonies peuvent devenir des États indépendants, et que même avant de s'affranchir, elles exercent sur leur métropole une influence chaque jour croissante. L'esprit du siècle, le courant des idées nous amènent à donner à ces rejetons de la race européenne, ou à ces riches domaines des vieux empires, un peu de notre temps et de notre attention.

L'Afrique n'était plus pour nos pères qu'une terre barbare ; ils se contentaient de voir dans l'Égypte la mère des arts, une mère singulièrement déchue, et dans Carthage la rivale de Rome. Maintenant tout le nord de l'Afrique est le théâtre de nos exploits et de nos travaux ; la vieille Berbérie est une partie de la France, et la vallée du Nil, en dépit de nos récents mécomptes, est encore un pays à demi français ; au moins y trouve-t-on à chaque pas les vestiges de notre activité ou glorieuse ou féconde.

L'histoire contemporaine se charge sans cesse de faits toujours plus nombreux, parce qu'elle a pour théâtre le monde entier. La Révolution et l'Empire formaient un drame à la fois immense et un, avec son exposition, ses péripéties, son dénouement. L'intérêt a son centre, les rôles ont leur hiérarchie, et la foule du genre humain se range autour d'un petit nombre de héros. Aujourd'hui, l'intérêt et l'action se sont dispersés. On peut grouper les événements de plus d'une façon, selon qu'on envisagera de préférence la lutte des idées de liberté contre les traditions de l'absolutisme, ou les efforts des prolétaires pour conquérir un dividende plus large dans la somme des fruits du travail, ou la conquête du globe par les Européens, ou la renaissance des nationalités oubliées, ou les épreuves de l'équilibre international, ou l'évolution économique qui institue le marché universel. Il faut donc multiplier les points de vue ; mais à quelque point de vue qu'on se place, le spectacle est plus divers qu'autrefois, et la tragédie humaine se décompose en un grand nombre de pièces distinctes, dont les intrigues séparées ne croisent pas toujours leurs fils. Ainsi l'histoire moderne s'allonge et s'élargit d'un côté, sans se raccourcir ni se rétrécir de l'autre. La société actuelle date toujours des grands événements de la seconde moitié du xve siècle ; elle devient plus vieille et ses annales se compliquent.

Mais c'est surtout par l'étude des origines que l'histoire agrandit son domaine. Ici ses conquêtes sont rapides, merveilleuses, infinies. C'est presque une révélation. L'Égypte, la Chaldée, l'Inde ancienne nous abandonnent leurs secrets ; les civilisations primitives sortent de l'ombre, revivent dans les monuments, s'éclairent par la comparaison. La linguistique, née d'hier, se met à l'œuvre à son tour, retrouve la filiation et démontre la parenté des races, devine la date relative des inventions qui ont transformé l'humanité. L'archéologie préhistorique va plus loin encore : elle découvre sous les couches modernes du sol, dans les cavernes, dans le lit des fleuves, au fond des lacs et des tourbières, des documents qu'elle rapproche, qu'elle interprète, mémoires inconsciemment tracés par nos ancêtres sur le bois, la pierre et l'argile, avant l'écriture, peut-être avant le langage, et qui apprennent à qui sait les lire comment vivaient les contemporains du mammouth. Les observations des voyageurs et des missionnaires, contrôlées par une critique plus pénétrante, permettent de rassembler dans une commune étude le sauvage primitif et le sauvage contemporain. Des philosophes érudits reconstruisent ainsi, avec des conjectures qui parfois touchent à la certitude, l'itinéraire de notre espèce à travers les innombrables étapes qu'elle a dû parcourir avant de prendre conscience d'elle-même. Instruits par l'anatomie comparée à saisir la liaison des organes, des fonctions et des habitudes, ces antiquaires de l'induction refont la Genèse avec des ossements et des débris d'ustensiles. Ignorerons-nous leurs travaux ? L'humanité adulte dédaignera-t-elle ces humbles souvenirs de sa longue enfance, ces trophées de la lutte mille fois séculaire qui lui a procuré la domination du globe ?

L'histoire cesse d'être une science isolée et indépendante. Comme le chêne de la fable, dont les pieds touchaient à l'empire des morts, elle plonge ses racines jusqu'au cœur de la géologie et de la zoologie. Ceux que n'a jamais émus le spectacle de cette évolution, ceux qui n'éprouvent pas un sentiment de piété en contemplant les vestiges de la vie de nos premiers pères, un sentiment de terreur en essayant de mesurer l'immensité de ces périodes crépusculaires, où chaque progrès accompli dut exiger des siècles par centaines, ceux-là refuseront d'enseigner à la jeunesse l'histoire des âges préhistoriques, dont les époques se marquent non par une conquête ou par la vie d'un grand personnage, mais par les vicissitudes de la faune contemporaine ou la forme des outils en silex. Mais nos origines intéressent même ceux que la science ne touche pas. Le problème de la création, naturelle ou divine, est un de ceux que les polémiques du jour tiennent sur le tapis ; les gens cultivés devraient être au moins en état de suivre les controverses à la mode autrement qu'en ignorants ou en badauds.

Tandis que la science historique recule jusqu'à l'infini les limites de son domaine, elle en creuse plus profondément le sol. Je ne parle pas seulement des progrès de la critique et du zèle que les érudits du siècle ont apporté à la recherche et à la discussion des sources. Mais il me semble que l'objet même de l'histoire s'est modifié, et qu'elle a changé de héros. Au lieu de chanter les épopées guerrières et de raconter les révolutions des empires, elle veut maintenant faire revivre la foule des générations éteintes; elle étudie leurs idées, leurs coutumes, leur genre de vie; elle a cessé d'être aristocratique, et elle s'intéresse aux peuples. Elle restitue le premier rôle au chœur naguère effacé des multitudes. Sans doute on n'a pas toujours négligé de s'informer des mœurs et de la condition de chacun des troupeaux d'hommes qui traversaient le champ visuel de l'histoire; Hérodote n'y manque pas, et ce serait pour beaucoup d'écrivains un progrès que de revenir à l'exemple de ce maître. Quelle décadence entre son récit à la fois si dramatique et si instructif, et les manuels décharnés dont on a trop longtemps chargé la mémoire des écoliers! Un amas de dates, de batailles et d'avènements forme peut-être le squelette de l'histoire; mais c'est grand'pitié de ne montrer aux enfants qu'un squelette. On y joint souvent des anecdotes et des portraits de grands personnages, les apophthegmes des rois, des reines, des grands capitaines et des grands ministres. On va plus loin : on trace le tableau des institutions, mais seulement des institutions politiques ; on dit comment le prince gouvernait, et qui rendait la justice. On y ajoute même quelques notions sur la féodalité, sur la chevalerie, sur les communes. Il faut bien expliquer la Jacquerie par les souffrances des paysans, Étienne Marcel et les Cabochiens par le mécontentement des bourgeois de Paris, les guerres de Flandre par l'esprit de liberté qui animait les grandes républiques municipales du Nord. Mais ce qui domine encore dans l'enseignement, ce qui reste dans la mémoire des bacheliers, c'est une collection de faits dépourvus d'intérêt. Malgré l'impulsion donnée par Augustin Thierry et par Michelet, la vie matérielle et morale des générations lointaines échappe à la grande majorité des gens qui se croient cultivés, et qui le prouvent en exhibant leur diplôme.

Le véritable héros de l'histoire de France telle qu'on nous l'apprenait au collège, c'est le pouvoir royal ; les conquêtes des Capétiens et les vicissitudes de leur autorité sont l'intrigue de ce long drame. Il semble que hors de là il n'y ait que confusion et désordre, et que les étapes du

despotisme soient seules dignes de notre attention. On obtient ainsi, selon la méthode classique, une merveilleuse unité ; tout mène à la
monarchie de Louis XIV ; il faut bien admettre
ensuite la décadence de cette monarchie pour
expliquer et justifier la Révolution. Mais les
élèves se font-ils ainsi une juste idée de l'existence de nos pères? Savent-ils que le xiᵉ siècle a
vu la nation française au comble de la grandeur
et la royauté au comble de la faiblesse? Savent-
ils que le xiiiᵉ siècle est un temps de prospérité,
et le xvᵉ un temps de misère? que les Français
étaient plus riches et plus heureux sous Henri II
que sous Louis XIV, que la révolte était au
moins aussi légitime contre Mazarin que contre
Louis XVI? On leur dit comment Louis XI abat-
tit les derniers des grands vassaux, comment Richelieu triompha de la résistance des grands
seigneurs, mais on leur laisse croire que nos
pères habitaient dans des tanières. Indiquez-leur
une date, prise au hasard : ils n'hésiteront pas
sur la question de savoir qui régnait alors ; mais
si la France était heureuse, si elle était très peuplée, si la terre était bien cultivée, si le commerce
et l'industrie étaient florissants, cela n'est pas

dans le programme. Encore s'agit-il ici de notre pays. Sur les pays étrangers les notions des élèves sont encore bien plus incomplètes. Elles se bornent à la connaissance d'une série de révolutions, d'une liste de dynasties et de souverains, avec quelques noms de batailles : ce qu'il faut pour se tirer honorablement d'un examen où les questions pourront être posées par un professeur de littérature, qui se pique de ne connaître l'histoire qu'en homme du monde.

L'histoire complète est l'histoire de l'humanité et non pas l'histoire des gouvernements, de leurs variations et de leurs révolutions. La politique et la législation ne sont pas tout. L'une et l'autre s'expliquent par le développement ou le conflit des idées, des sentiments, des besoins. La plupart des hommes à qui la Fortune a confié un rôle éclatant ne sont que les instruments des forces en présence, les interprètes dociles d'une foule anonyme ; les grands hommes même doivent le plus souvent leur grandeur à la vivacité avec laquelle ils expriment et mettent en action une pensée générale. Ce sont des types parfaits au milieu d'une masse d'ébauches ; la nature fournit un métal précieux, mais ce sont les cir-

constances qui modèlent et fondent la statue. Ces
personnages de choix donnent parfois un coup de
barre décisif aux heures de crise, et c'est méconnaître la part du libre arbitre que de rabaisser
leur influence. Mais pour quelques héros, que
d'acteurs qui débitent médiocrement leur rôle, et
que la force des choses aurait pu remplacer par
d'autres !

L'histoire des États n'offre donc qu'un cadre
pour l'étude de l'histoire générale ; c'est une collection de faits précis et de dates fixes qui s'an-
crent solidement dans la mémoire, et qui empêchent l'esprit de flotter à la dérive sur les ondes
du temps. Mais il faut remplir ces cadres, et
donner aux jeunes gens une idée aussi nette que
possible des révolutions bien plus importantes
qui se sont accomplies dans les mœurs, dans les
croyances, dans les habitudes de la vie. La religion et les arts, l'agriculture, l'industrie et le
commerce, la condition des diverses classes de
la société, les variations du logement, du vêtement et de la nourriture, les progrès et les reculs
de la population, la détermination toujours un
peu vague, et pourtant essentielle, de l'espèce et
de la somme de vertu et de bonheur qu'on trou-

vait parmi les hommes à chaque époque, l'histoire de la civilisation, en un mot, voilà le but et le fond de l'enseignement qui convient à notre siècle. Je voudrais qu'un bachelier pût me raconter les débuts et les transformations de l'idée de liberté de conscience, aussi bien que la succession des guerres de religion sous les Valois, qu'il connût les misères du temps de la Fronde, comme les intrigues des grands seigneurs contre Mazarin, que les voyages d'Arthur Young lui fussent aussi familiers que les campagnes de Condé.

Dans l'enseignement actuel, la plupart des questions intéressantes se présentent à une certaine date, puis disparaissent du programme et des cours. Si je prononce le mot de Commune, l'élève pense à Louis-le-Gros et se souvient des récits d'Augustin Thierry ; mais il ne sait pas comment la vie municipale a été peu à peu étouffée par le pouvoir royal, ni comment s'administraient les villes et les villages avant 89. Si je parle de la misère des paysans, il alléguera la Jacquerie et une phrase de La Bruyère ; il est douteux que son érudition aille plus loin et qu'il fasse une différence entre l'époque de Louis XII et celle de Louis XV. Si je l'invite à me dépeindre l'habitation d'un artisan ou d'un laboureur avant la guerre de Cent-Ans, il restera bouche béante, à moins qu'il ne prononce les mots de chaumière, de cabane et de hutte. Il sait que Richelieu a créé l'Académie française et que la Convention a décrété l'enseignement obligatoire ; mais que répondrait-il si je lui demandais l'histoire de l'enseignement primaire sous la monarchie ? A propos des corporations, il rappellera le livre des métiers d'Étienne Boileau, la tentative de Turgot pour abolir les jurandes et maîtrises et leur suppression définitive par la Constituante ; lui a-t-on expliqué la lente évolution qui a rendu malfaisantes les plus fécondes institutions du moyen âge ?

Sans doute il faut commencer par graver dans la mémoire des enfants une somme de faits et de dates. Dans les premières classes, jusqu'en troisième, si l'on veut, le cours d'histoire restera à peu de chose près ce qu'il est aujourd'hui. Il appartient aux maîtres, en général fort dignes de leur tâche, de relever le récit des événements politiques par des peintures intéressantes des mœurs, et par les anecdotes et les traits de ca-

ractères qui rendent notamment l'histoire ancienne si attrayante pour la jeunesse. Dans les
hautes classes, le professeur tracera, selon la
méthode et dans le cadre qu'il lui plaira de choisir, l'histoire de la civilisation en France, tout en
l'éclairant par des comparaisons avec les peuples
étrangers. Il racontera comment certaines institutions, qui ont été atrophiées chez nous, se sont
développées ailleurs, par exemple les états généraux en Angleterre et dans les pays scandinaves,
la liberté communale en Italie, en Flandre, en Allemagne. Mais c'est surtout de notre pays qu'il
s'occupera : la tâche est assez vaste pour absor-
ber toute son attention pendant deux ou trois ans.
D'ailleurs il y a des époques où la civilisation
française ne se distingue guère de la civilisation
générale. La féodalité, la Renaissance, la Réforme,
sont des faits européens, et depuis la Révolution,
la chrétienté forme un tout qui vit d'une vie commune. Peut-être jugera-t-on utile d'employer le
cours d'histoire, en philosophie, à une revue générale des destinées de l'humanité, depuis son
berceau jusqu'à nos jours, soit qu'on suive l'ordre
des temps, soit qu'on préfère un autre plan, par
exemple, celui que Herbert Spencer a adopté dans

son traité de sociologie. Ou bien on exposera l'histoire moderne de l'Europe, en montrant comment le cercle de nos relations politiques et commerciales est allé s'élargissant depuis la fin du xvᵉ siècle, comment le monde civilisé est devenu, devient sans cesse plus grand, comment la solidarité du genre humain s'établit et se développe avec le progrès des moyens de communication. C'est surtout ici que je compte sur la liberté des méthodes et la diversité des programmes. Ayons de bons maîtres et fions-nous à eux; ils ne changeront ni la suite des siècles, ni la série des faits, mais ils mettront plus de vie dans leurs narrations, plus de couleur et de mouvement dans leurs peintures, si nous leur permettons de les composer à leur gré.

CHAPITRE XV

LA GÉOGRAPHIE

Un des hommes qui ont discuté avec le plus d'autorité les questions d'enseignement, M. Cournot,
écrivait en 1864, à propos de la géographie :
« Si l'on passe en revue chaque contrée, en fai-
» sant connaître la nature du climat, la structure
» du sol, les richesses naturelles qu'il possède,
» les mœurs et les lois des populations qui l'ha-
» bitent, surtout leur industrie et leur commerce,
» en insistant davantage, comme de raison, sur
» les contrées avec lesquelles nous avons nous-
» mêmes plus d'affinités de mœurs et d'insti-
» tutions, plus de relations de commerce et
» d'affaires, on aura institué l'enseignement qui

» donne, sous la forme la plus attrayante, le plus
» de connaissances directement utiles, au point
» de vue de notre époque. Si donc le principe de
» l'utilité immédiate et pratique devait un jour
» prévaloir, au préjudice de la culture littéraire
» et au préjudice de l'histoire elle-même, dans
» les procédés de l'institution secondaire (car il
» s'agirait alors de procédés et d'instruction,
» bien plus que de méthodes et d'études), nul
» doute qu'un enseignement géographique com-
» pris de la sorte n'y dût tenir une grande place,
» peut-être même la place principale. On n'en est
» pas encore là, et rien ne nous porte à presser
» l'avènement de ce futur ordre de choses. »

Ainsi M. Cournot jugeait déjà, il y a vingt
ans et davantage, que la géographie, enseignée d'une façon complète, peut être la plus
utile des études ; il estimait qu'il n'en est pas
de plus attrayante. S'il avait reconnu que c'est
également la plus belle, la plus féconde, la plus
propre à former un esprit vraiment cultivé, il
aurait sans doute devancé l'avenir qu'il pré-
voyait ; il aurait revendiqué pour la géographie
cette place principale que lui doit un jour assurer
le principe de l'utilité immédiate et pratique. Mais

il semble que cet esprit, d'ailleurs vigoureux et pénétrant, n'ait pu s'élever au-dessus du préjugé qui oppose l'utile au beau jusqu'à prendre l'utilité pour une sorte de laideur, ou tout au moins pour une marque d'infériorité. Ce reste de sentiment aristocratique fait penser aux Chinois, qui voient des signes de noblesse dans la petitesse artificielle des pieds chez les femmes, et dans la longueur des ongles chez les hommes. Ne pouvoir se servir de ses pieds pour marcher, de ses mains pour travailler, c'est une façon singulière de se séparer de la foule, et les Anglais sont assurément plus sages, qui font jouir les enfants des classes riches des bienfaits d'une forte éducation gymnastique. Mais il s'en faut de peu que nous appliquions à l'éducation de l'esprit la doctrine chinoise ; au moins avons-nous coutume d'accorder indifféremment à certaines études les épithètes de noble et de désintéressée, comme si ces deux mots étaient synonymes.

L'opinion publique est aujourd'hui tout à fait convaincue de l'utilité de la géographie, et cela pour des raisons futiles au moins autant que pour des raisons sérieuses. En 1870, les Allemands trouvaient mieux leur chemin en France que les

Français eux-mêmes ; la foule naïve en conclut qu'ils savaient admirablement la géographie et qu'ils en tiraient grand parti. La vérité est qu'ils avaient des cartes et qu'ils savaient les lire. Le plus grand géographe du monde ne mènerait pas un régiment d'un village à l'autre en se fiant à sa science, et un officier médiocrement instruit peut fort bien exécuter une reconnaissance sans posséder par cœur, depuis le collège, les fleuves et leurs affluents.

Il est peu de professions où la géographie ne soit utile, et on le verrait bien mieux si elle était familière à un plus grand nombre de citoyens. La science ne révèle tous ses bienfaits qu'à ceux qui l'ont acquise ; tant qu'on ne fait que les deviner, on ne les devine qu'en partie. A mesure que l'univers, jadis morcelé, se transforme en un marché unique, il y a plus de gens intéressés à suivre et même à prévoir les fluctuations de ce marché. L'industrie et le commerce ont besoin de connaître leur clientèle, c'est-à-dire le monde, pour donner à leurs travaux la direction la plus profitable. J'ai déjà indiqué cette évolution, et il est inutile d'y insister. Mais la géographie doit surtout servir à déterminer des vocations. Elle élargit l'horizon des jeunes gens; elle leur montre une multitude de carrières où leur activité trouvera un emploi cent fois plus fécond, pour eux-mêmes et pour leur pays, que les professions bureaucratiques.

Laissons dire aux gens à courte vue que l'émigration est inutile parce que la France n'est pas très peuplée, et que nous n'avons pas de trop-plein à déverser. Il est vrai que notre territoire, mieux cultivé, nourrirait plus d'êtres humains, et qu'il n'y a pas chez nous beaucoup de misérables que la faim chasse de leurs foyers. On trouverait cependant de quoi fonder plus d'une colonie, si nos pauvres gens savaient et voulaient se déplacer. Mais ce n'est pas la densité de la population qui fait l'encombrement; ce n'est pas le chiffre d'habitants que la statistique enregistre par kilomètre carré qui produit la pléthore. Notre bourgeoisie, en dépit de sa stérilité volontaire, est encore bien trop nombreuse; ses fils s'épuisent à disputer des places dans les écoles du gouvernement et des emplois dans les administrations publiques; la préparation aux examens les vieillit avant l'âge; le concours est un minotaure qui dévore chaque année une bonne partie

de la jeunesse française. Pour offrir un débouché
à la foule des candidats, le pouvoir crée sans
cesse des fonctions nouvelles ; loin de délivrer le
corps social de ses parasites, la République elle-
même en augmente chaque jour la multitude.
L'émigration, soit à l'étranger, soit aux colonies,
débarrasse le sol d'un inutile fardeau ; elle enrichit ceux qui cherchent et qui trouvent la
fortune loin du pays natal ; elle alimente l'exportation ; elle ouvre des marchés au travail national ;
le succès de ceux qui s'en vont accroît le bien-
être et stimule la fécondité de ceux qui restent.
Je parle, cela s'entend, de l'émigration éclairée,
intelligente et libre, de celle qui n'est pas une
fuite, mais une conquête.

Ce n'est pas le lieu de montrer que le moment
est venu pour nous de quitter le coin du feu, si
nous voulons tenir dans le monde la place d'une
grande nation. Il n'est que de mettre en pratique
cette vérité généralement admise, et c'est pour
cela que je voudrais que la géographie fût avec
les langues vivantes la base de l'enseignement
secondaire. Notre éducation classique nous dresse
surtout à bien parler, à juger les œuvres littéraires et les œuvres d'art, à chercher le succès

dans l'élégance et l'éloquence, à nous distinguer
en un mot, non à agir. Il serait temps de raf-
finer un peu moins le goût, et de développer l'esprit d'entreprise. Nous avons eu assez de générations pointilleuses et batailleuses ; formons des
générations qui ne mettent pas leur idéal dans
les applaudissements d'une foule plus ou moins
délicate ; élevons des Français qui songent à
s'enrichir autrement que par les contributions de
leurs concitoyens, qui essaient de conquérir le
monde autrement qu'avec des phrases et des
théories.

Nous rentrerons ainsi dans la vraie tradition
de notre race, et des meilleurs éléments de notre
race. Secouons enfin le joug des Romains, rhéteurs, docteurs et légistes. Souvenons-nous de
nos pères les Gaulois, ces intrépides coureurs
d'aventures, à qui l'univers semblait trop petit
avant que César et ses légions leur eussent apporté
l'esclavage et la civilisation. Souvenons-nous des
Francs, des Normands, de ces Français du moyen
âge qui portèrent en tant de pays lointains leur activité redoutable. Réveillons dans les âmes de nos
enfants cette flamme que plusieurs siècles de culture assoupissante n'ont pas entièrement éteinte.

Dira-t-on que l'étude de la géographie n'a point tant d'efficacité, qu'il est chimérique d'en attendre la résurrection de l'esprit d'entreprise ? Pour répondre à cette objection, il faudrait d'abord prouver que l'éducation n'est pas impuissante, c'est-à-dire justifier l'existence même de l'enseignement secondaire ; nos adversaires n'exigeront sans doute pas cette démonstration. S'ils ont raison de prétendre que la lecture des classiques anciens exerce sur le caractère et la destinée de nos élèves une influence réelle et durable, ils avoueront bien que d'autres travaux exerceraient une autre influence. Ne savons-nous pas que les enfants sont naturellement curieux, qu'ils ont l'instinct de l'imitation et l'instinct de l'émulation ? La géographie donne à leur curiosité la plus ample pâture ; ils souhaiteront d'imiter tout ce qu'elle leur fera voir de beau et de grand hors de leur pays ; en apprenant sur combien de points nous sommes inférieurs à nos rivaux, ils brûleront d'aider leur pays à conquérir la supériorité. Remarquons en passant que l'histoire excite surtout l'émulation guerrière, car elle parle sans cesse de guerres, de victoires, d'agrandissements ; la géographie excite davan-

tage l'émulation pacifique, car ses plus belles leçons partent de la lutte de l'homme contre la nature, de la prospérité des peuples laborieux et
entreprenants. Les enfants verront surtout.dans
l'histoire une épopée militaire, dans la géographie l'épopée de l'industrie et du commerce.

De toutes les richesses intellectuelles que l'écolier amasse à force de labeur, quelles sont celles
qu'il garde précieusement et dont il fera usage
toute sa vie ? Ce ne sont pas sans doute les lambeaux de latin et de grec qu'il va se hâter d'oublier. Il n'aura guère l'occasion de citer son
Horace, ni la tentation de le revoir : il lui arri-
vera rarement de regretter l'insuffisance de son
érudition classique. Ce qu'il sait de géographie
le suit et l'accompagne perpétuellement dans ses
conversations et dans ses lectures. Nos autres
connaissances s'effacent, pour la plupart, avec le
temps ; celle-là s'entretient et se développe sans
cesse. Les livres qui ont le plus de débit, après
les romans, sont des récits de voyages. Un journal bien fait n'est entièrement intelligible que
pour qui sait la géographie. La politique étrangère, la politique coloniale, la politique économique, ces objets de tant de discussions, ne sont

accessibles qu'à ce prix. J'ose dire que la géographie est la science qui contribue le plus à faire de nous des hommes éclairés, celle qui procure à qui la possède la distinction la plus réelle, la supériorité la plus incontestable dans les relations sociales, celle qui nous permet le mieux de conquérir sans pédantisme le renom d'homme instruit.

Mais je consens à sacrifier tous les arguments empruntés à la catégorie de l'utile ; je consens que l'éducation forme l'esprit et le cœur des jeunes gens sans qu'on songe à leur carrière future, qu'elle vise uniquement à leur inspirer de nobles pensées, l'amour du beau, le goût des jouissances intellectuelles, l'oubli momentané des intérêts matériels et des petitesses de la vie commune. Je passe dans le camp ennemi ; j'accepte les principes des champions de l'enseignement classique, mais je crois que ce qu'ils demandent de plus en plus vainement au grec et au latin, c'est la géographie qui le leur donnera. C'est elle qui excitera dans l'âme des écoliers les premières émotions élevées ; c'est elle qui leur offrira le spectacle de la vie du genre humain dans toute son ampleur et dans toute sa diversité;

c'est elle qui leur montrera sur le plus vaste
théâtre l'harmonie des causes qui font nos destinées, et la lutte de l'homme contre la nature, qui
fait la civilisation. Autant et plus que l'histoire,
elle leur apprendra ce que valent le courage,
la patience, la persévérance, non seulement de
quelques hommes, mais des peuples et des races.
Tout ce que les chefs-d'œuvre de la littérature
ancienne nous peuvent inspirer d'admiration, de
pitié, de sympathie, la géographie l'éveille dans
les cœurs, non seulement pour des individus,
non seulement pour des morts, mais pour des
populations qui vivent, qui combattent ou qui
souffrent à cette heure et sous nos yeux. Cette
étude est si utile, qu'elle n'a pas besoin d'être
belle ; elle est si belle qu'elle pourrait se dispenser d'être utile.

Il suffit qu'elle soit ce qu'elle doit être. Quand
les programmes cesseront de l'emprisonner dans
d'injustes limites, quand les maîtres qui l'enseignent auront le droit d'accomplir toute leur
tâche, de s'adresser à l'imagination et à la raison
au moins autant qu'à la mémoire, on s'étonnera
d'avoir traité si sèchement une science qui mérite
le premier rang parmi celles qui nous parlent de

la nature et de l'humanité. Mais il fallait pour cela qu'un homme de génie vînt la mettre à sa place. M. Elisée Reclus nous a révélé l'immensité du domaine dont il s'emparait. Il est le premier, en France du moins, qui, dans un ouvrage de longue haleine, ait montré qu'il appartient à la géographie de rassembler et de coordonner une multitude infinie de connaissances naguère éparses et flottantes. Le talent de l'écrivain, la richesse de sa langue, la souplesse et la transparence de son style, l'ont aidé à gagner la bataille, à tirer d'une condition subalterne la Muse qu'il adoptait, et qu'il faisait reine. L'humble servante de Clio est devenue la rivale de sa maîtresse, une rivale jeune et triomphante. On disait que notre siècle était le siècle de l'histoire ; peut-être l'appellera-t-on le siècle de la géographie.

Quand nous lisons la géographie d'Elisée Reclus, qui est le plus vaste monument de notre siècle, et qui, bien mieux que l'œuvre de Buffon, égale la majesté de la nature, nous nous rappelons ces traités arides, ces nomenclatures mortes, qu'on infligeait jadis à notre mémoire d'écoliers, ces listes de mers et de montagnes, d'îles et de détroits, de fleuves et de villes, qui défilaient mécaniquement sur les lèvres des enfants, et nous trouvons que nos cadets sont plus heureux que nous. Pourtant la géographie, si tristement enseignée, était déjà une des études qui nous trouvaient le moins rebelles : que sera-ce quand on l'aura vivifiée par une méthode digne d'elle ?

Mais n'épargnez point le temps ; ne ménagez ni les détails ni les explications, ni les comparaisons. Il n'est point de science qui ait plus besoin d'être complète, qui perde plus à être résumée, c'est-à-dire mutilée. Dans aucun autre enseignement, le maître ne doit jouer un rôle plus actif et plus personnel ; le livre est insuffisant et le sera toujours. Il faut aussi se garder d'exagérer l'importance de la géographie physique, de la topographie, des exercices au tableau, aux dépens de la description et de la théorie. Il ne s'agit pas uniquement de graver dans la mémoire des lignes et des contours, ni d'ajouter un supplément au cours de dessin. Ce sont des hommes instruits que nous voulons former, non des pilotes, ni des guides, ni des arpenteurs.

La géographie n'est pas la reproduction inerte d'un modèle immobile. La nature et l'humanité sont toujours en mouvement ; l'une se transforme insensiblement à travers des milliers de siècles ; l'autre s'agite sous nos yeux avec une vivacité croissante ; la première obéit à des lois plus inflexibles ; la seconde est plus libre et moins irresponsable. Mais dans la description de la terre comme dans la peinture des races et des peuples, nous voyons sans cesse les forces et les causes en action. L'idée moderne de l'évolution et du devenir est ici chez elle. Ce sont des êtres vivants et changeants qui nous occupent ; nous ne ferons que nous meubler l'esprit d'un fatras de notions indigestes si nous ne rattachons les uns aux autres, par une chaîne solide, les phénomènes de la vie du globe et ceux de la vie humaine.

L'ordre logique des choses n'est pas toujours l'ordre didactique, car il faut tenir compte de l'âge des élèves, et du développement successif de leurs facultés. Mais je veux essayer ici d'exposer en quelques pages l'idée que je conçois d'un véritable enseignement géographique. Les programmes pourront découper cet ensemble et en placer diversement les morceaux ; mais on ne sortira pas du collège sans les avoir rajustés, sans avoir embrassé du regard le tableau dont les fragments auront été tracés à part.

Une fois que nous avons déterminé la place de notre planète dans le système solaire, que nous avons vu comment les lois de sa double révolution règlent la distribution de la chaleur selon les jours et selon les saisons, dès que nous avons jeté un coup d'œil rapide sur la forme générale des continents et des mers, nous entrons dans l'étude de la vie du globe. L'océan nous offre ses marées et ses courants ; l'atmosphère, dans son agitation incessante, et capricieuse seulement en apparence, entraîne des amas de vapeur d'eau, les dépose en neige et en pluie sur les montagnes et les plaines. Ainsi naissent les glaciers, les ruisseaux et les fleuves ; ainsi s'établit la grande circulation terrestre. C'est la mer qui sculpte les rivages, ce sont les torrents et les rivières qui usent les montagnes, creusent ou emplissent les vallées, déposent des alluvions, allongent des deltas. Les volcans et les tremblements de terre secouent et déchirent l'écorce du globe. Ici le sol s'affaisse, là il s'élève peu à peu. Les phénomènes qui s'accomplissent lentement sous nos yeux nous expliquent les transformations que la planète a

subies dans le passé, et dont témoigne la succession des couches géologiques ; l'observation de
quelques années rend compte du travail des
siècles, et des milliers de siècles. Nous voyons
agir les forces qui n'ont cessé dans la suite des
temps de bâtir et de démolir notre habitation. Le
monde n'est plus un tapis étendu sous nos pas
par un créateur qui se repose éternellement de
son labeur d'un jour ; c'est le théâtre d'un drame
joué à travers les âges par les éléments ; d'autres
actes ont précédé celui où nous apparaissons sur
la scène ; d'autres actes le suivront. Les récits de
la Genèse qui ont frappé si fortement notre imagination, quand la légende biblique les ramassait
dans une semaine, s'agrandissent dans l'immensité des temps, s'éclairent par le spectacle que
nous donne la lutte des forces naturelles. Cette
idée de la naissance et de la mort de la Terre et
de l'Humanité, que le génie des prophètes rat-
tachait aux volontés arbitraires d'un invisible
Jéhovah, prend un corps et se manifeste à nos
regards par la construction et la destruction
actuelle des continents. L'astronomie nous révèle
la poésie de l'infini dans l'espace ; la géologie et
la géographie générale nous enseignent une

autre poésie, en nous montrant comment un monde se fait et se défait, même sans secousse ni cataclysme, par le labeur accumulé de l'insecte et de la goutte d'eau.

L'anatomie serait la plus ingrate et la plus stérile des sciences sans la physiologie ; à quoi bon disséquer un organe si l'on n'en doit pas connaître la fonction ? C'est ainsi que la théorie de la circulation terrestre et de l'évolution géologique transformera la géographie physique et remplacera le fastidieux catalogue des caps, des montagnes et des fleuves par la description de la vie du globe et de ses divers phénomènes. Si l'on n'admire pas ici, comme dans la nature organisée, l'harmonie des moyens et des fins, on saisit du moins celle des effets et des causes, et c'est assez pour intéresser les esprits de tout âge. Nos élèves ne sauront pas seulement combien il y a de promontoires importants en Europe, mais ils verront dans un promontoire un géant qui reste debout en face de la mer, entre les débris des rivages qui se sont écroulés à sa droite et à sa gauche, comme une tour de granit qui a vu tomber à côté d'elle des remparts battus en brèche par le temps. Ils verront les dunes qui marchent, les deltas qui s'étendent, les baies qui s'ensablent, les glaciers qui avancent ou reculent, les fleuves qui déplacent leur lit, les marais qui se dessèchent ou s'élargissent selon les variations du cours des rivières, les champs de lave qui s'effritent, les montagnes qui s'émiettent, et tous ces mouvements s'accomplir avec la diversité qu'y apportent le climat, la réaction des effets accumulés, le travail de l'homme. Les accidents de terrain, qui n'étaient que des caprices sans motif, des lignes sans plan, des bizarreries sans ordre, deviennent presque des êtres vivants, avec leur physionomie, leur caractère, leur histoire, leur avenir. La géographie physique était une science terne et morte; elle s'éclaire et s'anime. Elle ne faisait que charger et fatiguer la mémoire; elle intéresse la raison; elle enchante l'imagination.

L'étude des climats suit naturellement celle des inégalités et des mouvements de la surface terrestre. Ici surtout, nous voyons une grande variété d'effets résulter d'un petit nombre de causes diversement associées. Les faits sont frappants; les explications sont claires. Un climat n'est en somme que le résultat de la lutte ou de l'harmonie de ces deux éléments : le soleil et l'eau ; c'est une combinaison de chaleur et d'humidité. L'enfant connaît les saisons, les vents, l'influence de la pente des terrains et de leur exposition ; on lui fera aisément comprendre pourquoi nous jouissons d'un climat tempéré, pourquoi il y a des contrées ensevelies dans un éternel manteau de froidure, pourquoi l'on trouve sous la même latitude des déserts et des forêts touffues.

La répartition de la vie à la surface du globe est une conséquence directe de la diversité des climats. Bien que l'histoire naturelle ne soit pas de son domaine, le géographe ne peut se dispenser d'esquisser à grands traits la flore et la faune de chaque région, ou du moins de chaque zone. La terre est peuplée avant que l'homme en ait pris possession ; ne parler que de lui, ce serait étudier un gouvernement sans s'occuper des sujets. Tout ce qui est n'a pas été créé par lui ; il n'a pas détruit tout ce qui était ; la nature subsiste sous la culture. Sur une partie du globe, c'est encore la nature qui règne, et l'homme, loin de l'asservir, lui demande l'aumône. Ailleurs, elle commence à sentir la main du maître, mais elle regimbe, se révolte, et souvent prend sa revanche. Libre ou domptée, immuable ou transformée, elle fournit toujours l'étoffe sur laquelle nous jetons notre broderie serrée ou clairsemée. Il faut donc la connaître dans sa primitive indépendance pour comprendre notre œuvre passée et présente, pour deviner notre œuvre future. Car on peut aujourd'hui prédire sa soumission définitive ; tout au plus défendra-t-elle quelques contrées que leur stérilité incurable préserve de nos entreprises. Et qui sait si les déserts les plus brûlants ne céderont pas à nos efforts ? Le froid seul peut nous arrêter à jamais ; nous pouvons vaincre même le soleil ; nous ne saurions nous passer de lui.

Nous avons montré le théâtre avec tous ses décors : il est temps de faire entrer l'acteur. Le véritable objet de la géographie, c'est l'homme. Le reste du monde n'a d'intérêt que par lui et pour lui. Avant de nous occuper des peuples, il faut parler de l'espèce humaine et de ses divisions principales. Nous commencerons par les races, dont le classement appartient encore à l'histoire naturelle. Le professeur ne se jettera sans doute pas dans la mêlée des controverses ; il passera à côté des questions pendantes, mais il marquera les traits essentiels qui distinguent les blancs, les noirs, les jaunes et les rouges ; il dessinera rapidement le domaine de ces variétés, leurs frontières précises et leurs frontières indécises ; il indiquera leurs luttes, leur pénétration réciproque, leur superposition, là où les invasions successives ont relégué les premiers occupants dans le désert, dans la forêt, dans la montagne. Les conquêtes des races sont plus intéressantes que celles des rois, plus dramatiques que les révolutions des empires, exercent sur la destinée humaine une influence plus profonde, peuvent seules, en bien des cas, expliquer la structure des sociétés, l'esclavage, le servage, la hiérarchie des castes.

Puis on parlera des langues, dont les frontières ne sont pas toujours calquées sur celles des races. On les rangera selon leur aspect et leur parenté. Ici encore il faut se hâter et courir sur les sommets de la science. Jusqu'à présent la linguistique, une des plus belles créations du siècle, n'a point d'entrée dans les classes ; la majorité des Français qui se croient cultivés ignorent d'où vient la gloire d'un Bopp, d'un Eugène Burnouf, d'un Max Muller, à moins qu'un professeur plus hardi que les programmes ne hasarde quelque excursion sur ce terrain, où les élèves d'ailleurs ne manquent pas de le suivre avec plaisir. Quelques leçons de géographie combleront cette lacune. Faut-il ajouter que l'énumération des principaux systèmes d'écriture trouve ici sa place, depuis les symboles rares et grossiers des sauvages jusqu'à nos alphabets si simples, en passant par les hiéroglyphes des Égyptiens et le vocabulaire des Chinois, qui se confond avec l'alphabet ?

Nous ne saurions nous dispenser de dire quelques mots des religions, sans esprit de propagande et de polémique, mais de façon à faire voir aux enfants la répartition des croyances sur le globe, et les liens étroits qui rattachent la civilisation d'un peuple à ses idées sur l'origine et le gouvernement du monde et sur les destinées de l'âme. Sans prendre parti entre les doctrines, on ne laissera pas ignorer [que l'histoire des mythes est un des problèmes les plus piquants dont la science moderne [ait à s'occuper, soit qu'on voie dans la mythologie, avec Max Muller, une maladie du langage, soit qu'on cherche, comme Herbert Spencer, les racines de la religion dans le souvenir des morts. On ne tranchera point de si graves procès, mais quelques exemples bien choisis feront comprendre la migration, la survivance et la transformation des légendes; ainsi la vie des saints Barlaam et Josaphat, populaires au moyen âge, n'était que la traduction de la biographie de Bouddha; ainsi Charon, le nautonnier des enfers, survit au paganisme dans la poésie populaire des Grecs modernes; les Parques de l'hellénisme se retrouvent dans les filandières des contes de Grimm. Ces rapprochements curieux, qu'on peut multiplier, excitent la curiosité, soutiennent l'attention des élèves, élargissent leur horizon. A un autre point de vue, on montrera comment les sociétés se comportent vis-à-vis de la religion, intolérantes comme l'Espagne, indifférentes comme la Chine, libérales comme l'Angleterre contemporaine et les États-Unis. On fera remarquer que le culte est tantôt la partie essentielle de la religion, tantôt un accessoire de peu d'importance; que le clergé peut être héréditaire, comme chez les Juifs et les brahmanes, former une aristocratie spirituelle gouvernée par un chef électif, comme chez les catholiques, se réduire à une corporation d'é-

gaux, comme dans plusieurs sectes protestantes.
On expliquera que certains livres religieux ne
sont qu'une loi morale, tandis que d'autres présentent un code complet de la vie civile, de sorte
que chez les peuples qui les ont adoptés, tout
changement de législation a l'air d'une apostasie, et la théologie se confond avec la jurisprudence.

Est-ce là de la géographie, s'écrieront les gens
habitués aux vieux cadres de cette science? Oui;
la géographie est la description de la terre et des
hommes, partant des sociétés humaines. Un cours
de zoologie ne débute pas par le tableau des
genres et des espèces; encore moins prendrions-
nous au sérieux un ouvrage pareil à l'Histoire
des animaux de Buffon, formé de chapitres déta-
chés sur le chien, le chat, le cheval, etc. Mais on
commence par étudier les principaux instruments
de la vie, l'appareil de la circulation, l'appareil
digestif, l'appareil respiratoire, le système nerveux et les sens, les organes de locomotion;
pour la botanique, on étudie la tige, la racine,
les tissus, les vaisseaux, les feuilles et les fleurs.
Ce n'est qu'après l'anatomie et la physiologie
générales que viennent la classification des êtres

et ce qu'on peut appeler la promenade pitto-
resque à travers les familles et les espèces. Direz-
vous aux enfants que les poissons respirent au
moyen de branchies, s'ils ne savent ce que c'est
que respirer, ce que c'est qu'une branchie?

Il en doit être de même pour la géographie.
On nous apprend que l'Hindoustan renferme
250 millions d'habitants, appartenant aux races
les plus diverses, depuis le blanc aryen jusqu'au
noir sauvage des montagnes; qu'on y trouve
des mahométans, des brahmanistes, des boud-
dhistes, des idolâtres. Comprendrons-nous comment les Anglais gardent ce vaste empire avec
une garnison de 60,000 Européens, si nous ne
connaissons l'effet des climats, des religions, de
l'antagonisme des races, de la séparation des
castes, si nous ne voyons clairement toutes les
barrières qui empêchent ces multitudes de penser,
de sentir, d'agir en commun? Que sert la description de l'empire ottoman, avec ses côtes, ses
montagnes, ses fleuves, ses gouvernements et
ses villes, à qui ne distingue pas les nations qui
vivent à côté les unes des autres sous la forme
de communautés religieuses? Autrefois on nous
enseignait bien les bassins et les provinces de

l'Autriche, mais on oubliait de nous apprendre ce que c'est que l'Autriche, combien de peuples divers vivent sous le sceptre des Habsbourg, et luttent pour conserver le pouvoir ou conquérir la liberté.

Le domaine que je revendique pour la géographie porte, il est vrai, d'autres noms; cela s'appelle maintenant de l'anthropologie et de la sociologie. Mais qu'importent les noms et les titres ? Nous n'avons pas de procès à craindre. Nous faisons bien aussi des emprunts à la cosmographie, à la géologie, à l'histoire naturelle ; nous en ferons à l'économie politique; nous ne cessons de mettre l'histoire à contribution. Il ne s'agit pas de fixer et de respecter des frontières, mais de donner à la jeunesse un enseignement complet. Les sciences ne sont pas enfermées et murées dans des enclos; elles se pénètrent et s'entr'aident. Qu'elles défendent à l'Académie leurs droits et leur indépendance : au collège, elles ne sont que nos servantes; nous en prenons ce qui sert nos desseins, et nous laissons le reste. Nous les chargeons d'éclairer notre route toutes les fois que nous passons chez elles ou à côté d'elles ; puis nous les congédions. Qu'elles amassent des matériaux, les criblent et les rangent ; nous leur abandonnons la recherche, la critique et la controverse ; il nous suffit de faire connaître à nos élèves assez de résultats acquis et certains, pour qu'ils puissent distinguer et comparer les peuples qui se partagent la surface du globe.

La géographie sera donc une encyclopédie ? Ni plus ni moins que l'histoire, que la philosophie, que l'économie politique, que la politique elle-même. L'étude de l'homme et des sociétés, de quelque façon qu'on l'aborde, a toujours quelque chose d'encyclopédique. Kant et Hegel, Buckle et Spencer, Comte et Littré, sont des encyclopédistes ; pourquoi Reclus ne jouirait-il pas du même privilège ? Pourquoi refuserions-nous au géographe ce que nous accordons à l'historien et au philosophe ? Pourquoi nos jeunes gens n'auraient-ils pas ce que Molière accorde aux femmes, des clartés de tout ? Par là seulement, les générations nouvelles seront tenues au courant des idées, des travaux, des controverses modernes, et le collège ne sera pas un couvent fermé aux échos de la vie intellectuelle. Il faut faire au mouvement sa part, comme à la tradition. La géographie donnera un pendant à la littérature ; Bossuet, Shakespeare, Schiller, représenteront la tradition, le cœur humain dans ce qu'il a de constant, la morale dans ce qu'elle a de durable, la beauté immortelle de la forme servant de vêtement à la pensée et à la passion ; la géographie nous montrera le genre humain tel qu'il est aujourd'hui, avec la diversité des races, des mœurs, des croyances et des institutions sociales.

Continuons donc l'énumération des chapitres de la géographie générale. Tous les hommes ont besoin de se nourrir, de se vêtir, de se procurer un abri, temporaire ou permanent, contre les intempéries. On s'expliquerait mal la structure des sociétés, si l'on ne savait comment il est pourvu à ces besoins élémentaires. La revue des moyens d'alimentation nous oblige tout d'abord à distinguer les peuples chasseurs, pêcheurs et laboureurs. « Dis-moi ce que tu manges, s'écrie Brillat-Savarin, et je te dirai qui tu es. » Le gourmet parle en philosophe. Les révolutions de la table marquent assez bien les étapes de la civilisation. C'est pour vivre en plus grand nombre sur un espace restreint que nos ancêtres ont dû se résigner au travail de la terre. Les tribus qui n'ont pas cessé de chercher leur subsistance dans la chasse, celles qui traînent leurs troupeaux do pâturage en pâturage, ont besoin d'un plus vaste territoire et occupent un degré inférieur dans l'échelle du progrès humain. En zoologie, on montre comment le genre de nourriture détermine les traits principaux de l'organisation ; on connaît l'exemple classique de la dent du carnassier qui permet à un Cuvier de reconstruire l'animal de toutes pièces. Ainsi la distinction entre les peuples chasseurs, pêcheurs et laboureurs nous sert à classer les sociétés, c'est-à-dire à désigner par un seul mot un grand nombre d'attributs.

Bien que le vêtement et l'habitation aient moins d'importance que la nourriture, il en faudra dire aussi quelques mots. Qu'il serve à nous défendre contre le froid, la pluie ou le soleil, ou qu'il soit pour nous une parure encore plus qu'une couverture, le costume est un des éléments de la civilisation. Pour se nourrir, l'homme n'a pas besoin d'une industrie bien raffinée ; pour se vêtir, il invente les métiers, il file, il tisse, il teint, il brode, il travaille les métaux précieux. Pour se loger, il se fait maçon, char-

pentier, menuisier. Je voudrais qu'on donnât aux
jeunes gens quelques notions d'architecture,
moins pour leur apprendre à reconnaître les or-
dres et à comprendre les termes de l'art que
pour graver dans leur imagination les principaux types de l'habitation humaine, depuis la
grotte des troglodytes et la hutte du sauvage
jusqu'aux palais anciens et modernes. On leur
dirait comment le climat et les matériaux in-
fluent sur la construction des maisons, comment
les uns combattent surtout le froid et les autres
le soleil, comment on emploie le bois dans les
forêts du Nord, le granit au pied des montagnes,
la brique dans les plaines, ici le bambou, ailleurs
la pierre de taille et le marbre. L'architecture
ainsi comprise se prête à merveille à la démonstration de cette vérité que la logique est l'aînée
de la fantaisie, que la diversité prodigieuse de
nos œuvres tient plus encore à la différence de
nos conditions d'existence et de nos besoins qu'à
celle de nos esprits, et que le beau n'est que le
couronnement de l'utile.

Ne dites pas que ce sont là des notions trop
spéciales, ou peu accessibles à l'enfance. Quoi de
plus général, de plus philosophique que ce coup

d'œil jeté sur l'aspect extérieur de la vie des nations? Quoi de plus intéressant, même pour les
jeunes intelligences, que ce tableau de la civilisation à tous ses degrés, que ce voyage-autour
du monde, repris sous différentes formes? Celui
qui s'est rendu familières toutes les catégories
de l'activité humaine n'est-il pas aussi instruit,
aussi cultivé que celui qui a employé de longues
années à résoudre des énigmes grammaticales
et à peser dans une balance de toiles d'araignée
le mérite des auteurs grecs ou latins? Notre éducation classique nous apprend trop à connaître
les passions de l'homme, trop peu à connaître
ses travaux, qui méritent tout autant d'exciter
notre sympathie et notre émulation. On nous
présente la vie comme un roman dont l'intérêt
est la gloire; mieux vaudrait nous la faire en-
visager comme une histoire dont l'intérêt est
le progrès. Je parle d'histoire, et c'est la géographie qui nous occupe. Mais la géographie
bien comprise, c'est l'histoire embrassée d'un
regard comme dans un panorama. Chaque groupe
de peuples marque une époque de l'humanité;
l'inégalité du développement des races met à nu
les assises de la civilisation, comme les plisse-

ments et les déchirures du sol étalent au jour les couches superposées de l'écorce terrestre, comme l'échelle des êtres vivants raconte, selon l'hypothèse darwinienne, l'évolution d'où est née notre espèce.

Nous arrivons enfin à la géographie telle qu'on nous l'enseignait autrefois, et qui comprend toute une série de chapitres sur les différentes parties du monde et les différents États qui se partagent le globe. Ici la mémoire joue un plus grand rôle que la raison et l'imagination ; il faut graver dans l'esprit des formes, des noms et des chiffres. Mais un maître habile se gardera des énumérations sèches et des catalogues ennuyeux. Il n'abusera pas non plus, nous l'avons dit, de ces travaux cartographiques qui prennent aux élèves un temps précieux, et les occupent beaucoup pour les instruire peu. Il tempérera, par des descriptions pittoresques et des digressions piquantes, l'aridité des notions qui forment le squelette de la science. Un professeur qui ne serait pas gêné par la rigueur des programmes pourrait renverser l'ordre logique des leçons, briser la chaîne des idées, mêler dans une confusion apparente la synthèse et l'analyse, la géographie générale et la géographie spéciale. Car le plan que nous avons indiqué a un défaut manifeste ; la partie du cours qui s'adresse à la mémoire ne vient qu'en dernier lieu, et la mémoire des élèves est d'autant plus docile qu'ils sont plus jeunes. La théorie des formations géologiques, des saisons, des climats, s'adresse à des esprits plus mûrs, impose un plus grand effort d'intelligence que la liste des cours d'eau, des provinces et des villes. Aussi sera-t-il bon de s'y prendre à deux fois pour enseigner la géographie. Dans les basses classes, on joindrait seulement aux noms propres des détails amusants, des récits de voyages et de découvertes ; plus tard on replacerait l'édifice sur sa base ; on assignerait aux diverses parties de la science la place qu'elles doivent occuper dans l'esprit de l'homme fait. Rien ne nous oblige à prescrire d'avance une méthode uniforme ; les règles d'une bonne pédagogie sont autre chose que les lois de la déduction philosophique.

Ces pays que nous avons décrits, ces peuples que nous avons vus vivre et agir dans leurs domaines, ne demeurent point isolés. Les hommes vont sans cesse d'une contrée à l'autre, pour

changer de séjour, pour se distraire, pour s'instruire, pour transporter des marchandises. L'u-
nivers est un grand corps qui a sa circulation
et ses artères. L'étude des migrations et des
échanges achève la géographie. Plus la civilisation fait de progrès, plus le monde nous apparaît
comme un vaste atelier. Autrefois chaque région
se suffisait à elle-même ; un petit nombre de
produits traversait les continents et les mers ; le
commerce ne fournissait qu'au luxe. Aujour-
d'hui les objets les plus nécessaires à la vie, le
blé, le coton, la laine, nous allons les chercher
jusqu'aux antipodes. Le plus pauvre de nos ouvriers ou de nos paysans met à contribution,
pour se nourrir et s'habiller, l'Inde, l'Amérique,
l'Australie. Ses souliers sont faits avec le cuir
de la Plata, son linge et ses vêtements avec le
coton des États-Unis, la laine de la Nouvelle-
Galles, le chanvre de la Russie ; il sucre son
café du Brésil avec le jus cristallisé des cannes de
Java. Le lard qui assaisonne sa modeste pitance
vient peut-être de Cincinnati ; le blé dont est fait
son pain arrive d'Odessa, de Chicago ou de Bom-
bay ; il s'éclaire avec le pétrole de la Pensyl-
vanie ou l'arachide du Sénégal. En dépit des so-

phismes et des jalousies nationales, nous usons
chaque jour davantage des produits étrangers;
si nous ne produisons chaque jour davantage
pour l'étranger, c'est un symptôme de crise ou
de décadence. La division du travail, qui a commencé dans la famille aux époques primitives,
s'est graduellement étendue à la tribu, à la cité,
à la province, à la nation ; elle s'étend désormais
à l'humanité. La vapeur donne à notre espèce
un appareil circulatoire général, comme l'élec-
tricité lui fournit un système nerveux. Les lois
économiques, en vain contrariées par des intérêts égoïstes et suspendues par des précautions
nuisibles, font dépendre, au moins en partie,
l'activité et la prospérité de chacun de l'activité
et de la prospérité de tous. Le commerce international rend tous les peuples solidaires, sans
affaiblir leur responsabilité particulière ; nous
continuons à conquérir notre part personnelle
de jouissances et de richesses, mais dans un fond
de plus en plus commun.

A la mobilité croissante des produits doit cor-
respondre la mobilité des hommes. La migration des Huns et la grande invasion germanique
ont déplacé moins d'êtres humains que le défri-

chement des États-Unis et la mise en valeur des
pâturages australiens. Telle compagnie de paque-
bots transporte plus de colons qu'Attila n'a re-
mué de barbares ; le chemin de fer du Nord
amène plus de Belges en France que Clovis n'a
conduit de Francs-Saliens dans les Gaules. La
fécondité de certaines races, n'étant plus entra-
vée par la guerre, la famine et le désordre, les
contraint de lancer dans le monde leurs essaims
pacifiques. Le jour approche peut-être où l'offre
et la demande du travail, comme l'offre et la demande des marchandises, tendront à s'équilibrer
à travers des milliers de lieues de distance, où les
ouvriers se porteront en foule d'un État, d'un
continent vers l'autre, comme ils se portent déjà
des campagnes vers les villes. Il appartient à la
géographie, telle que nous l'entendons, de nous
faire connaître la direction et la force des courants actuels, qui deviendront des torrents, et
qui dès maintenant suffisent à mêler les peuples,
à en créer de nouveaux, à faire osciller le centre
de gravité de la masse humaine.

Ainsi la géographie, cette science naguère dé-
daignée, qui a conquis malaisément une place
modeste à la suite et sous le couvert de l'histoire,

nous apparaît comme la maîtresse branche de l'enseignement secondaire. C'est elle qui hériterait de la plus grande partie du temps et du travail que laisserait vacants l'abandon des langues mortes. On jugera s'il y a quelque chimère dans ce vaste programme, si nous avons quelque chose à gagner à un changement, si complet. Du moins, on ne saurait contester que le vide est comblé.

CHAPITRE XVI

LA PHILOSOPHIE

Faut-il laisser à la philosophie sa place dans l'enseignement secondaire? Il y a beaucoup à dire pour et contre. La philosophie convient plutôt aux Facultés qu'aux collèges; si les jésuites l'ont fait entrer dans le cercle des études classiques, c'était pour dispenser leurs élèves de s'adresser à d'autres maîtres. Quand M. Fortoul donna le nom plus modeste de logique à la classe qui avait porté jusque-là le beau nom de philosophie, bien que presque toute la philosophie fût encore comprise dans les programmes, on accusa le Gouvernement impérial de chercher à décapiter la culture universitaire. C'était sans doute son intention, bien qu'il s'y prît mal; il arrive souvent que les réactionnaires ne savent ce qu'ils font. Cette persécution apparente rajeunit les doctrines qu'on se flattait de discréditer, et M. Cousin dut à cette disgrâce un air de libéralisme.

Aussi la philosophie a-t-elle été rétablie dans tous ses droits, honneurs et prérogatives. Elle a de nouveau ses professeurs en titre et sans masque, ses épreuves spéciales, son agrégation distincte. Elle est représentée par des maîtres considérables, qui prendraient au besoin sa défense avec autant d'autorité que de talent. Elle possède tout ce qui devrait la garantir de la décadence, si la décadence n'était pas inévitable. Ni les hommes, ni les institutions ne luttent efficacement contre la nature des choses.

La philosophie était jadis l'ensemble des sciences divines et humaines : Pythagore, Platon, Aristote, Chrysippe, et dans les temps modernes, Bacon, Descartes, Leibnitz, étaient des encyclopédistes. Elle comprenait la connaissance de l'homme, de Dieu et de la nature. Les sciences se sont peu à peu séparées d'elle, comme des enfants émancipés et par conséquent ingrats. Au

xvii° siècle, un professeur de philosophie enseignait encore la physique et la géométrie ; aujourd'hui une pareille confusion paraîtrait bizarre. A peine trouverait-on dans notre siècle
une dizaine d'hommes qui aient embrassé tout
le champ du savoir humain : quand on en a
cité cinq ou six; on a peine à continuer la liste.
Dira-t-on que la philosophie domine encore les
sciences, parce qu'elle enseigne les règles de la
recherche et de la preuve, la méthode et la logique? Mais quel est le savant qui ne trouve dans
son propre domaine des modèles et des guides?
Si la philosophie est encore une reine, c'est une
reine à la manière anglaise, qui sanctionne les
lois, mais ne les fait pas, qui signe et ne gouverne point. Dans le monde de l'esprit, cet emploi devient inutile le jour où les savants sont
des écrivains, et peuvent promulguer eux-mêmes
leurs décisions, révéler leurs découvertes et
faire connaître leurs vues sans truchements ni
trompettes.

Certes, il reste encore à la philosophie classique un assez vaste empire : c'est, pour employer
le mot de Bossuet, la connaissance de Dieu et de
soi-même, ou comme nous disons, la psychologie,

la logique, la théodicée, la morale, sans compter l'histoire de la philosophie elle-même. Mais regardons-y de plus près. La connaissance de Dieu tend de plus en plus à redevenir ce qu'elle a été dans les temps primitifs, une croyance, qui ne brave les réfutations qu'en se passant de démonstration. Je ne sais si l'on peut encore disserter très sérieusement sur les attributs de l'Être Suprême. Son existence même est mise au rang des questions insolubles par les positivistes, et le positivisme nous envahit, nous pénètre chaque jour davantage. Les preuves métaphysiques, qui exerçaient le génie des saint Anselme et des Descartes, ne touchent guère plus nos esprits affamés de réalités que les subtilités qui amusaient les docteurs de la scolastique. La preuve que l'on tire du spectacle de l'univers a besoin d'être défendue avec infiniment de talent contre les objections darwiniennes. Faut-il que le professeur s'évertue à enseigner des dogmes dont l'État commence à douter ? Le Dieu de l'Université dépend un peu trop des élections ; il est permis de prévoir que l'avènement de tel parti, de tel groupe, le reléguerait dans la vie privée, et que la religion naturelle irait rejoindre les religions révélées dans la catégorie des opinions libres dont les pouvoirs publics n'ont pas à s'occuper. Le meilleur moyen d'échapper à la menace d'un athéisme officiel serait peut-être de renoncer à la possession désormais précaire d'une théodicée officielle.

Reste la connaissance de soi-même. Ici encore, les gens compétents ne s'accordent guère, et il est malaisé de sortir de la banalité sans laisser entrer dans la classe, et qui sait? dans l'âme du maître, le doute, la controverse, la révolte secrète contre un programme suranné. Le fossé si élégamment creusé par Jouffroy entre la psychologie et la physiologie se comble peu à peu ; les naturalistes et les médecins envahissent un terrain qu'on défend mal contre leurs incursions ; l'analyse directe des phénomènes de conscience n'inspire plus une foi aussi robuste. On voit trop ce qu'il y a de hasardé dans l'étude d'un homme abstrait et universel, ce qu'il y a d'artificiel et de purement verbal dans la décomposition des facultés. La psychologie classique est une science d'observation qui ne progresse pas, ce qui implique contradiction, et l'on commence à se demander si ce n'est pas simplement une science de

mots, une partie de la grammaire ou du dictionnaire, une gymnastique pour l'attention. Or il y a
tant de réalités à étudier, que la gymnastique
pure a beaucoup perdu de son prestige.

La logique comprend l'étude du raisonnement
et l'étude des méthodes propres à chaque ordre
de sciences. La logique formelle, si florissante
au moyen âge, est tombée dans un assez juste
discrédit ; le syllogisme est passé de mode ; l'induction elle-même ne vaut que par la pratique ;
il est presque superflu d'en faire la théorie. C'est
l'éducation tout entière qui doit donner de la rec-
titude et de la sûreté à l'esprit : rien n'est plus
chimérique que d'enseigner en quelques leçons
l'art de penser, comme faisait Port-Royal. Je
voudrais qu'on pût interroger les orateurs politiques, les avocats et les jurisconsultes qui passent pour des dialecticiens serrés, et leur demander un manuel de logique, une classification des
erreurs et des sophismes; les plus habiles ne seraient pas les moins embarrassés. N'y a-t-il pas
quelque chose d'étrange à couronner les études
classiques par l'exposé d'une doctrine que les
élèves doivent dès longtemps posséder à fond,
s'ils n'ont pas perdu leur peine ?

Quant aux méthodes, elles sont du ressort des maîtres de chaque science. Pourquoi le professeur de mathématiques ne se chargerait-il pas, si cela est nécessaire, d'expliquer ce que c'est que la déduction ? Remarquez d'ailleurs que l'évidence n'a pas besoin d'être justifiée, et que la géométrie se dispense à merveille de tout passe-port étranger. Quand on a tiré un corollaire d'un théorème, ou démontré l'égalité des triangles qui ont un angle égal compris entre deux côtés égaux, on n'a pas besoin de se jeter dans des considérations profondes sur les axiomes et les définitions. Nous apprend-on par quel mécanisme nous marchons, et quelles sont les conditions de notre équilibre ? On ne tombe pas sans s'en apercevoir, et ce n'est pas la connaissance de la mécanique qui donne de l'aplomb à notre corps : c'est l'exercice et la santé.

Pour les sciences physiques et naturelles, il serait bon que les professeurs fissent quelques digressions sur la méthode. Cela viendrait à l'occasion de quelques grandes découvertes dont ils raconteraient l'histoire. On ne croit plus guère que Bacon ait été l'inspirateur et le guide des illustres savants qui ont arraché à la nature ses secrets les mieux cachés. Les juges les plus autorisés lui refusent l'honneur d'avoir conduit l'armée qui marchait à l'assaut de la vérité, et ne lui laissent que la gloire d'en avoir été le clairon. La puérilité de ses propres recherches scientifiques, le vague et le néant des idées qu'il présente avec tant d'assurance quand il sort de sa belle rhétorique pour mettre la main à l'œuvre, nous édifient sur la valeur des méthodes promulguées par des philosophes qui ne sont que des philosophes. Dites-nous comment une loi de la nature a été soupçonnée, démontrée, amendée : cela nous éclairera bien mieux qu'un code rédigé à loisir par un penseur de cabinet. Les savants eux-mêmes nous instruisent plus quand ils exposent leurs découvertes que quand ils exposent leurs théories; l'*Essai* de Claude Bernard sur la médecine expérimentale est d'une lecture moins substantielle que ses admirables travaux de physiologie. Les grands maîtres en tous genres sont plus grands quand ils créent que quand ils dissertent. Je ne donnerais pas cent vers de Victor Hugo pour son livre sur Shakespeare.

La partie des sciences naturelles qui s'occupe

de la classification des êtres vivants se prête davantage aux discussions philosophiques, parce qu'ici l'esprit humain ne se contente pas d'étudier la nature ; il s'applique aussi à l'arranger. Mais que penser d'un naturaliste qui ne saurait pas faire comprendre en quoi les Jussieu diffèrent de Linné, en quoi Cuvier corrige Buffon ? Séparer l'enseignement de la science et l'enseignement de la méthode, c'est décapiter l'un et mettre l'autre en l'air. La seule existence d'un professeur de logique est une humiliation pour ses collègues, comme il est humiliant pour une mère de donner à sa fille un professeur de maintien. Il est assez plaisant que l'homme qui a pour mission spéciale de nous apprendre à raisonner soit précisément chargé, par le programme, d'imposer à la crédulité des collégiens, d'ailleurs rebelles, des démonstrations illusoires et des arguments cornus. En joignant la logique et la théodicée, on nous donne à la fois le précepte et l'exemple de le violer.

Pour la morale, c'est une grosse question de savoir si elle peut s'enseigner. Il y a plusieurs façons d'entendre ce mot de morale. S'il s'agit de distinguer le vice de la vertu, et d'énu-

mérer nos devoirs envers la famille, la patrie,
l'humanité, etc., c'est sans doute une répétition
inutile, et l'on n'a pas attendu la dernière année
des études classiques pour faire entrer dans la
cervelle des jeunes gens ce que les enfants des
écoles primaires savent à douze ans. Ce qu'on
doit apprendre dans la classe de philosophie,
c'est la morale considérée comme une science.
Seulement la morale, à ce point de vue, rappelle
un peu ce qu'était la chimie avant Lavoisier.
Sauf un petit nombre de cas de conscience qui
embarrasseraient au moins autant le philosophe
de profession que le simple honnête homme,
rien n'est si clair que le devoir. Rien n'est plus
obscur que le fondement du devoir. Nos contemporains ne sont guère plus d'accord là-dessus
que les anciens, et la vieille querelle entre les
sectes d'Épicure et de Zénon recommence entre
les utilitaires et les métaphysiciens. Victor Cousin et Stuart Mill auraient certainement donné
les mêmes conseils à un jeune homme qui serait
allé les consulter sur sa conduite, mais il est
probable que ces deux illustres avaient peu
d'estime pour leurs doctrines respectives, que
Cousin trouvait Mill grossier, et que Mill voyait

dans Cousin un charlatan. Comme les spiritua-
listes ne manquent jamais de donner le titre de
nobles à toutes les doctrines qui les distinguent
de leurs adversaires, c'est par pure politesse
qu'ils n'ajoutent pas que leurs adversaires sont
ignobles. Mais les matérialistes, les positivistes
et les sceptiques ne demeurent pas en reste.
Les théologiens déclarent assez imprudemment
que si l'on ôte Dieu, il n'y a pas de raison pour
que l'homme ne se vautre pas dans toutes sortes
de turpitudes, et les libres-penseurs reprochent
injustement aux croyants de faire le bien comme
on prête à usure, et de s'imposer de petits sacrifices pour un bénéfice infini.

Pour sortir d'embarras, on essaie de consti-
tuer une morale indépendante des dogmes religieux ou métaphysiques. Mais cette recherche
préjuge la question, car s'il existe un Dieu personnel, c'est lui faire tort que de ne pas reconnaître en lui un législateur. Si cette morale indépendante est une collection d'honnêtes préceptes,
on la possède avant d'entrer en philosophie. Si
c'est une théorie complète, une science véritable
fondée sur des observations bien classées ou sur
des axiomes évidents. il sera temps de l'ensei-

gner quand on l'aura faite. Nous n'avons jusqu'ici que des tentatives incomplètes et des systèmes qui ne supportent guère la critique, bons tout au plus pour donner une cohésion apparente aux prescriptions de la conscience. La théorie quelque peu abstraite du respect de la personne humaine a bien l'air d'un cercle vicieux, car il faudrait d'abord démontrer pourquoi la personne humaine doit être respectée ; quant à la doctrine du bonheur, elle laisse aux individus la faculté de mettre leur bonheur où il leur plaît ; elle énerve la notion du devoir, et justifie toutes les fantaisies.

Dans l'état présent des choses, la loi morale est une coutume à laquelle on obéit sans être d'accord sur ses origines ; les légistes et les philosophes ne font que l'ébranler en essayant d'en rendre compte par des hypothèses douteuses ou des analyses dissolvantes. Sans doute il faudra bien que l'humanité émancipée donne un caractère scientifique aux obligations qu'elle accepte par routine. C'est le passage nécessaire de l'état de spontanéité à l'état de réflexion, et le xxe siècle aura de belles conquêtes à faire dans ce domaine ; nous commençons à rassembler les matériaux dont nos fils se serviront pour jeter un pont entre le passé et l'avenir. Mais nous vivons dans une période de transition où l'enseignement philosophique de la morale est téméraire s'il veut être tout à fait affirmatif. Et si l'on ne devait offrir à la jeunesse que des idées encore vagues, on ferait mieux de se taire que d'initier doctrinalement aux incertitudes de la raison ces âmes tendres auxquelles la certitude du sentiment fournit un assez solide appui. N'éteignons pas la chandelle avant d'avoir allumé la lampe.

Ainsi la philosophie disparaît de l'enseignement secondaire. Elle pourra trouver sa place dans l'enseignement supérieur, là où les maîtres sont plus libres, les programmes plus lâches, où l'État n'est plus responsable ni des théories exposées en chaire, ni du temps passé sur les bancs. Sans doute c'est là un sacrifice douloureux, mais il ne faut pas en exagérer la gravité. Nos professeurs de philosophie tiennent une place considérable dans l'élite du personnel universitaire ; il semble cependant que beaucoup d'entre eux, entraînés dans cette voie par une vocation irrésistible, doivent éprouver quelque peine à concilier

le mouvement de leur pensée avec les exigences
du devoir pédagogique et de la discipline intel-.
lectuelle qui s'impose aux établissements de l'État.
Je les trouverais moins intéressants si leur tâche
leur semblait aisée, si le programme de leurs
leçons était à leurs yeux celui d'une science faite,
sans problèmes pendants, sans obscurités inquié-
tantes, sans pièges ni fondrières, ou bien s'ils
arrivaient à séparer sans effort leur enseignement paisiblement affirmatif de leur intelligence
hésitante et troublée. Après tout, ils trouveront
ailleurs l'emploi des facultés qui les ont poussés
à la philosophie. Ce n'est pas être philosophe que
de n'être pas autre chose. Ils s'adonneront aux
mathématiques, aux sciences physiques et naturelles, aux sciences morales, à l'histoire, à l'économie politique; ils n'en seront que plus forts
pour cultiver leur champ de prédilection. Ils
seront ainsi moins exposés à vieillir en tournant
dans un même cercle, à creuser éternellement le
même sillon sans l'approfondir. Ce danger est
grand, et les forts n'y échappent qu'en se jetant
de côté : Cousin se livra tout entier à l'érudition ;
Jouffroy mourut jeune ; M. Jules Simon s'est
lancé dans la politique ; M. Taine se fait histo-

rien ; M. Renan est un linguiste et un exégète. Celui-ci abandonne la métaphysique pour la critique d'art, celui-là pour l'administration. La philosophie proprement dite n'a pas de quoi remplir la vie d'un homme, non parce qu'elle manque d'étendue, mais parce qu'elle n'offre pas par elle-même un sol assez résistant pour supporter un de ces édifices dont la construction suffit à une longue existence.

Peut-être éprouvera-t-on le besoin de remplacer le cours de philosophie par un enseignement qui, bien que plus positif, offre au même degré l'avantage de façonner l'esprit aux idées générales, de l'élever au-dessus du tumulte des faits particuliers. Il suffit pour atteindre ce but que chaque branche des études reçoive son couronnement. Que le professeur d'histoire enseigne l'histoire de la civilisation, le professeur de géographie la circulation des hommes et des produits, le professeur d'histoire naturelle la classification des espèces et la chaîne entrecroisée des êtres vivants ; les professeurs de lettres françaises et étrangères pourront s'attacher moins scrupuleusement aux textes, et se hasarder dans les théories. Nous joindrons à tout cela, si vous voulez, un cours d'économie politique. Les élèves recevront ainsi de leurs maîtres, avant de quitter le collège, les éléments d'une philosophie, et non une philosophie, chose qui ne se donne guère, sinon quand elle est de peu de valeur.

CHAPITRE XVII

CONCLUSION

J'ai entrepris de prouver que notre système d'enseignement secondaire est mauvais, et qu'on en peut concevoir un meilleur. Mais il y a loin de la conception à l'action. Toute réforme est difficile, et les réformes les plus difficiles sont celles qui touchent à l'instruction de la jeunesse. C'est la toute-puissance même de l'État qui fait sa faiblesse. Un excès de responsabilité produit naturellement un excès de timidité. Grâce à notre centralisation tant admirée, il faut, pour qu'on essaie une innovation, qu'un ministre en reconnaisse la nécessité, et qu'il ose se jeter dans l'inconnu. La réforme décrétée, on ne peut se dispenser de l'appliquer partout à la fois, c'est-à-dire d'en confier l'exécution à un personnel qui y est en majorité hostile, qui la compromettra par attachement à la routine, par indifférence, par une opposition sourde, peut-être involontaire et inconsciente, mais invincible. Au lieu d'appeler et de grouper en un petit bataillon les hommes de bonne volonté, le pouvoir s'adresse à une armée innombrable, parfaitement instruite et façonnée aux anciennes manœuvres, et prétend l'obliger à changer soudain de tactique. Dans ces conditions, le progrès ne va point sans désordre, et les tentatives les plus justifiées risquent d'être condamnées par l'expérience.

Toutes les parties du système se soutiennent mutuellement. Les études classiques mènent aux examens, et les examens supposent les études classiques. Les lois et les règlements qui président à l'entrée des jeunes gens dans les carrières libérales les obligent à passer par la filière traditionnelle. Les écoles spéciales dépendent de différents ministères. Un changement radical apporté au programme des études intéresserait toutes les administrations, parce qu'il modifierait le recrutement de leur personnel ; un grand

maître de l'Université qui voudrait réformer
l'Université aurait d'abord à persuader ses collègues du cabinet.

Le personnel enseignant ne peut se recruter
que par lui-même. Ce sont les anciens qui forment
et jugent les novices; ils les forment à leur manière et les jugent selon leur propre esprit.
Demanderait-on au clergé même le plus libéral
de fonder et de diriger des séminaires d'héré-
tiques et de libres-penseurs, de recevoir dans son
sein les produits d'une éducation profondément
différente de celle qui l'a fait ce qu'il est? Ce
serait une sorte d'apostasie. Si la foi universitaire est moins immobile et moins intolérante que
la foi cléricale, elle est chère à ceux qui la pro-
fessent; elle repose sur l'habitude, une habitude
qui remonte à l'enfance, sur le goût, qui se moque
des arguments utilitaires, sur l'amour-propre,
qui ne nous permet pas de croire que nous ayons
dépensé les plus belles années de notre vie à
l'acquisition d'une supériorité chimérique, ou du
moins contestable, d'une science dont la société
moderne se soucie médiocrement.

L'histoire nous présente plus d'un exemple de
cette contradiction. Plus d'une fois les vieilles

institutions ont paru à la fois surannées et indestructibles, et l'évidence de leurs défauts n'ôtait rien à leur solidité ; les arbres qui deviennent stériles n'ont pas pour cela moins de racines. En pareil cas, les peuples ont deux manières de se tirer d'embarras ; ils se résignent ou ils font une révolution. Quand il s'agit seulement d'un trône, ou d'une constitution qu'on a juré de défendre jusqu'à la mort, nous n'hésitons pas à recourir à la révolution ; dans tout le reste, nous nous résignons d'autant plus aisément que la hardiesse de nos propos et la vigueur de nos critiques nous consolent de la timidité de notre conduite ; également soumis et frondeurs, non tour à tour, mais en même temps, nous rions de notre faiblesse, de la médiocrité de nos gouvernants, de la paresse de nos législateurs, de l'éternité des abus, mais notre rire est si bruyant et si gai qu'il nous suffit ; nous n'éprouvons pas le besoin de passer à l'action.

Les défauts qu'on signale dans notre enseignement secondaire ne le condamnent pas à une transformation certaine et prochaine. S'il succombe, ce ne sera pas sous les coups de la critique, mais sous l'influence de causes étrangères à la pédagogie. Les Chinois, dont il faut souvent citer l'exemple quand on parle de notre pays, ont gardé pendant bien des siècles leur système d'études littéraires, ou plutôt littérales, d'examens et de concours, leur hiérarchie pédante et leur mandarinat corrompu. Ils s'y cramponnent encore avec passion, et ne s'en déferaient point si la pression du dehors ne devait tôt ou tard les contraindre à changer. Les abus les plus vexatoires sont difficiles à déraciner. Les abus qui ne sont pas des vexations infligées aux citoyens, mais simplement un gaspillage de forces, de temps et d'argent, ne commencent à être ébranlés que quand ils deviennent pour un peuple une cause évidente d'infériorité. Les gouvernements et les nations attendent parfois que la concurrence les éclaire sur leurs véritables intérêts ; la seule leçon qui soit sûrement comprise, c'est la leçon de la défaite.

Les avertissements ne nous manquent pas depuis quelques années. Nous subissons des défaites industrielles et commerciales qui ont pour principale cause le mauvais emploi que nous faisons de nos ressources en tout genre. Chaque jour la lutte devient pour nous plus difficile et plus coûteuse, parce que nos rivaux descendent dans l'arène mieux armés et mieux préparés. Les protectionnistes s'efforcent de nous prouver qu'il suffit, pour ramener la Fortune de notre côté, de fermer nos frontières aux produits étrangers. Si nous les écoutons jusqu'au bout, nous finirons par nous entourer d'une muraille de la Chine à l'heure même où la Chine renonce à son isolement séculaire, et par former en pleine Europe une île aux rivages inaccessibles. Mais nous ne saurions nous obstiner dans cette gageure contre la science et la raison; il faudra bien que nous cherchions les causes de nos souffrances là où elles sont, c'est-à-dire dans l'exagération de nos frais généraux, dont l'action excessive de notre gouvernement, et dans notre système d'éducation classique, qui maintient une fausse hiérarchie des fonctions sociales.

Le bruit court que la tâche de ceux qui voudront réformer l'enseignement secondaire est facilitée d'une manière fâcheuse par la décadence des études classiques. J'entends dire qu'elles sont en baisse. La jeunesse d'aujourd'hui, peu disciplinée, s'applique mal à des travaux dont elle ne saisit pas bien l'intérêt, et l'autorité décroissante des familles ne prête qu'un faible secours à celle des maîtres. S'il est vrai que le latin s'en aille de lui-même, il serait profondément regrettable qu'on le laissât décliner sans le remplacer, et qu'on permît aux enfants de s'habituer à ne rien apprendre. Il vaudrait mieux restaurer les vieilles méthodes par un effort désespéré que de voir la paresse et l'indifférence envahir les collèges. Si les partisans de la tradition savent le moyen de la remettre en honneur, qu'ils fassent donc cet effort; s'ils s'avouent impuissants, qu'ils cèdent la place aux idées nouvelles. Toute culture peut se défendre, excepté la culture du bois mort.

Je pourrais aussi trouver un allié dans l'amour de l'égalité poussé jusqu'à l'envie. Il n'est pas impossible que certains démocrates fassent la guerre aux études classiques comme à une distinction qui sépare trop nettement la classe bourgeoise de la classe populaire. J'accepte leur appui s'ils se plaignent de ce que le latin isole ses adeptes du courant général de la société moderne, non s'ils le repoussent comme une cause de supériorité. Car le propre de l'enseignement secondaire est de mettre ses élèves au dessus de la foule, et il serait bien inutile de conserver des lycées, s'ils n'étaient que des écoles primaires ornées d'un titre pompeux. Je veux une instruction différente de celle qui se donne aujourd'hui, mais je la veux assez forte et assez brillante pour que ceux qui l'auront reçue en portent la marque. S'il ne s'agissait que de laisser tomber le niveau de l'esprit français, j'aimerais mieux défendre une routine qui aurait au moins le mérite d'être une protestation contre le règne de la médiocrité intellectuelle, une barrière un peu vermoulue, mais encore debout, contre l'invasion de la barbarie.

La réforme que je souhaite ne s'accomplira pas sans avoir été mûrie par une longue discussion. Je ne fais pas appel à un dictateur qui bouleverserait d'un trait de plume l'éducation de la jeunesse. Je m'efforce seulement de poser la question avec plus de franchise qu'on ne l'a fait jusqu'ici, de fournir quelques arguments nouveaux ou renouvelés à une opinion qui s'ignore à demi, qui n'a pas conscience de toute sa force ; si je ne les invente pas, du moins je les rassemble en faisceau. Ce que je dis, bien des gens le pensent tout bas, qui n'osent s'avouer leur pensée, qui se laissent intimider par une tradition imposante. Il y a des hérésies qui flottent dans l'air, et dont les fidèles sont imprégnés, mais que l'église étouffe jusqu'à ce qu'elles aient trouvé une expression publique, un organe résolu. Il n'est que d'attacher le grelot : vous l'entendrez bien tinter.

Il appartient à la presse d'appuyer les propositions qui répondent à un besoin réel, et de les imposer à l'attention des pouvoirs. Une cause est à demi gagnée, quand les journaux la prennent en main, non qu'ils tyrannisent le public en l'obligeant à penser comme eux, mais ils règlent en quelque sorte l'ordre du jour des discussions et des conversations. Ils mettent en lumière les idées et les hommes; tant pis pour les idées fausses ou prématurées, pour les hommes médiocres, qui ne supportent pas longtemps la lumière. Si les langues mortes ne règnent plus que par la superstition, un débat tant soit peu approfondi ébranlera leur empire ; leurs prétentions seront examinées de près; on critiquera leurs titres et on pèsera leurs services : je ne demande rien de plus. Elles se soutiennent par la tradition et l'autorité, comme la plupart des choses humaines. La tradition est souvent bienfaisante; l'autorité a souvent raison; encore faut-il que de temps en temps les générations nouvelles fassent l'inventaire des institutions qu'elles ont reçues de leurs aînées. Je crois le moment venu de faire subir cette épreuve aux programmes de l'enseignement secondaire, et de délibérer non seulement sur ses méthodes, mais sur son objet.

Il ne faut point se reposer de ce soin sur les bureaux, ni même sur le conseil supérieur de l'instruction publique. Cette assemblée représente assez bien l'Université en même temps que l'administration, et serait bon juge des détails, mais non du principe. Elle est plus en état de plaider le procès que de le trancher, car elle n'est pas impartiale. Tout corps a ses intérêts, ses préjugés, ses passions, et tient d'autant plus au passé que son passé est plus honorable. Ce ne sont pas les conciles qui réforment la religion. Je compte plutôt sur les laïques, sur le pouvoir civil éclairé par l'opinion. La révolution que j'appelle doit être fomentée par une longue et vive polémique; le signal en sera donné par un vote parlementaire qui chargera un ministre de mettre les programmes d'enseignement en harmonie avec les besoins du siècle.

Il faut que ce ministre soit un homme à la fois compétent et libre d'esprit, bienveillant et résolu, qui ménage les personnes et ne se laisse pas arrêter par les résistances. Il ne devra pas se mettre à l'œuvre s'il n'est en droit de compter sur un assez long avenir. Une tentative sans suite compromettrait tout, provoquerait une réaction impuissante à ranimer ce qui se meurt, mais assez forte pour retarder l'avènement de ce qui demande à naître. A peine notre réformateur aurait-il mis la main à l'œuvre, qu'il serait de toutes parts encouragé, critiqué, béni et maudit. On saluerait en lui un libérateur longtemps attendu ; on le vouerait aux Furies comme un démolisseur de temples. Mais il s'attendrait à ce concert dissonant, et n'en serait pas troublé.

Les pacifiques et les timides proposeront une transaction ; ils demanderont le partage. Les lycées, ou un certain nombre de lycées, resteraient consacrés à l'enseignement classique, le reste, avec les collèges communaux, serait livré à l'enseignement secondaire spécial. Cette solution moyenne compte beaucoup de partisans ;

elle fut, paraît-il, sur le point d'être adoptée vers la fin de l'Empire. C'est une demi-mesure qui séduit au premier abord par un air de modération. Voyons quelles en seraient les conséquences.

J'ai déjà parlé de l'enseignement spécial. C'est une création utile, pourvu qu'on n'y voie que ce qu'il y a, un enseignement primaire un peu développé, ou tout au plus une section des sciences, simplifiée et mise à la portée de tous. Il ne garde pas assez longtemps ses élèves ; ses programmes n'ont pas de limites précises. Il manque surtout de prestige ; il est venu au monde avec un cachet d'infériorité sans doute indélébile. Il appelle à lui les enfants qui désespèrent d'apprendre les langues mortes, ceux qui ont hâte d'en finir, ceux qui veulent se procurer à bon compte l'honneur d'avoir passé par le lycée. En créant un baccalauréat spécial, on mettra décidément le parchemin au rabais.

Une réforme qui introduirait l'enseignement spécial dans tous les collèges et dans une partie des lycées, aboutirait à faire des collèges et d'une partie des lycées, des écoles primaires un peu plus relevées que les autres. On ne modifierait pas les études, mais on proclamerait que trop

de Français font leurs études. Ce serait une déclaration de principes, un conseil donné indirec-
tement aux familles. Les familles profiteraient-
elles du conseil ? Les études classiques seraient-
elles moins à la mode, parce qu'elles auraient un
vernis d'aristocratie ? Ne laisserait-on pas subsister la fausse hiérarchie sociale qu'il faudrait
cesser au moins de reconnaître et de consacrer?
Les professions libérales ne conserveraient-elles
pas leur rang usurpé ? Si le latin est inutile,
pourquoi continuer à l'enseigner ? S'il est utile,
pourquoi l'enseigner à un plus petit nombre de
jeunes gens ? C'est, direz-vous, qu'il est utile au
petit nombre seulement. J'ai essayé de prouver
que ce petit nombre même aurait besoin d'une
éducation plus moderne.

Ne vous y trompez pas ; tant que vous aurez
un enseignement secondaire classique, vous
n'aurez pas d'autre enseignement secondaire.
Mettez en présence des lycées latins et des lycées
français : les premiers attireront les meilleurs
maîtres et les meilleurs élèves; le pli est pris.
Le gouvernement ne se préoccupera point de
relever les études dans les seconds, estimant
que les autres fournissent au pays l'élite intellec-

tuelle dont il a besoin. En vain décréterez-vous l'égalité : vous ne la mettrez pas dans vos programmes. Et si vous vouliez l'y mettre, il faudrait commencer par abolir ce nom d'enseignement spécial, qui n'est pas exact, et qui traîne avec lui le souvenir d'une origine obscure et d'une longue humilité.

Je ne parle pas du système qui consiste à établir deux ou trois étages d'enseignement dont le plus élevé serait l'enseignement classique, où l'on accéderait par le concours. Les meilleurs élèves de l'école primaire recevraient l'enseignement spécial; les meilleurs élèves de l'enseignement spécial recevraient l'enseignement classique. Il ne nous resterait plus rien à envier aux Chinois, et nous aurions enfin un mandarinat tout à fait organisé sur le meilleur modèle. Le latin ne serait plus seulement un moyen de parvenir ; ce serait aussi une récompense qu'il faudrait mériter. Les jeunes gens laborieux et intelligents auraient l'honneur de faire connaissance avec les déclinaisons; les paresseux et les pauvres d'esprit seraient condamnés à suivre des programmes plus modernes; ce serait peut-être une manière de rétablir l'égalité; on infligerait Lhomond aux esprits les plus vigoureux comme une surcharge.

Abandonné par l'État, le latin trouvera un asile dans les séminaires. Il y est à sa place, puisque c'est en latin que le clergé catholique s'adresse à Dieu. Doit-on craindre que les rivaux de l'Université profitent de la révolution pour lui faire une concurrence tout à coup plus redoutable? J'ose croire que les études classiques ne garderont pas longtemps la vogue, quand elles auront cessé de mener à la conquête d'un diplôme privilégié. Il n'est point de réformes qui plaisent à tout le monde : les plus utiles, les mieux justifiées soulèvent parfois l'opposition la plus vive, mais une opposition que le temps et l'expérience ne tardent pas à désarmer. Les habitudes que choque le progrès, commencent par résister avec vigueur, mais elles s'affaiblissent assez vite, si c'est bien au progrès qu'elles résistent. Il en est des nouvelles méthodes comme des nouvelles doctrines; si les premières sont bonnes et les secondes vraies, on peut sans crainte prêcher les unes et adopter les autres; les objections les plus spécieuses perdront bientôt toute leur force.

Il ne faut pas exagérer les difficultés pratiques ; il ne faut pas non plus en méconnaître l'importance. Le plus grave problème, c'est le problème du personnel. On ne peut espérer que les professeurs se remettent à l'école pour se rendre capables d'enseigner ce qu'ils ont jusqu'ici négligé ; on ne voit pas où trouver assez de maîtres imbus de l'esprit nouveau pour remplir toutes les chaires. Remarquons cependant que nous n'avons presque rien à changer pour les sciences, que les professeurs d'histoire et de géographie n'auront pas à se plaindre de la réforme, que les professeurs de belles-lettres conservent le cours de littérature française. Pour les langues vivantes, on obtiendra promptement le personnel nécessaire en substituant des bourses de séjour à l'étranger aux bourses de licence et d'agrégation, trop rapidement multipliées depuis quelques années. Plus d'un parmi les jeunes candidats accueillerait avec plaisir une innovation qui lui ferait prendre l'air, et serait charmé d'avoir à passer quelque temps en Angleterre ou en Allemagne.

Après tout, les questions de personnel ne sont jamais que des questions accessoires. Toute révolution considérable dans le commerce ou dans l'industrie impose de pareils sacrifices et soulève de pareilles difficultés. Quand on a remplacé par les chemins de fer le roulage et la poste aux chevaux, que sont devenus les rouliers et les postillons ? Où a-t-on trouvé des employés, des mécaniciens et des chauffeurs pour le service des compagnies nouvelles ? L'État ne peut ni abandonner ni congédier ses serviteurs sans dédommagement, mais il peut leur demander de se prêter à une transformation dont il a reconnu la nécessité. Il serait étrange qu'un gouvernement qui jugerait le latin inutile s'obstinât à l'imposer à la jeunesse française pour ne pas contrister une catégorie de fonctionnaires, si sympathique qu'elle fût. De quel cœur les professeurs feraient-ils la classe, s'ils se disaient qu'on leur donne des élèves à instruire pour leur propre divertissement, et non dans l'intérêt des élèves, si le grand-maître de l'Université leur adressait, pour les encourager, ce discours touchant : « Les langues anciennes ne servent à rien, mais, puisque cela vous amuse, je vous charge de les enseigner à des enfants qui auraient pourtant mieux à faire. » La décadence actuelle des études classiques doit avertir les maîtres du sort qui attend les vieux programmes. Plus d'un sans doute est déjà résigné, et préférerait peut-être, sans se l'avouer, une fin subite à cette lente agonie du latin. « J'aimerais mieux, disait » un homme d'esprit, apprendre l'art de faire » des souliers à des élèves qui s'y intéresse- » raient, que les belles-lettres à des indiffé- » rents. » Deux ou trois disciples attentifs suffi- sent-ils à compenser le morne ennui d'une classe où les enfants ne travaillent que pour le diplôme, quand ils travaillent ? Ne vaut-il pas mieux ap- pliquer à des objets nouveaux un zèle qui sera enfin fécond, que d'exercer jusqu'à la mort, au nom et pour le compte de l'État, l'ingrate pro- fession de fabricant de bacheliers à la mécanique?

On n'attend pas de moi que j'entre dans le dé- tail des voies et moyens. Il y a plus d'un chemin qui mène au but; le choix dépendra des circons- tances, de l'état de l'opinion, du plus ou moins d'empressement que l'Université, d'une part, le public, de l'autre, mettront à accueillir la ré- forme. Devra-t-on introduire graduellement les nouveaux programmes dans tous les établisse- ments de l'État, en commençant par les basses

classes, ou les transformer les uns après les
autres, de façon à réunir sans peine, dès le début, un personnel capable et zélé, mais au risque
de laisser au latin des forteresses d'où on le dé-
logera plus malaisément? Ce qui est clair, c'est
qu'il faudra sans retard débarrasser des langues
mortes les écoles spéciales, et tout d'abord bannir
de l'École de droit les Pandectes et les Institutes.
Permettrons-nous que Justinien essaie encore une
fois de reconstituer l'empire d'Auguste?

Jusqu'à quel point la révolution de l'enseignement secondaire doit-elle s'étendre à l'enseignement supérieur? Les futurs professeurs ignore-
ront-ils le grec et le latin? Ne deviendraient-ils
pas ainsi incapables d'étudier les littératures
classiques, l'histoire ancienne et l'histoire du
moyen âge? Il n'est pas nécessaire que les professeurs soient à l'avenir ce qu'ils ont été jusqu'à
présent, de bons élèves de rhétorique qui re-
doublent plusieurs fois leur rhétorique. Rien ne
s'oppose à ce qu'ils reçoivent une culture spéciale, profondément distincte de celle qui sera
donnée aux jeunes gens en vue des autres carrières. Il ne faut pas plus sacrifier le recrutement
du corps enseignant à la manie de l'uniformité

que l'intérêt de la masse aux besoins particuliers du corps enseignant. Les cours destinés à former les maîtres commenceront plus tôt et finiront plus tard ; ils ne dépasseront pas pour cela la durée des études médicales.

Encore une fois, le ministre qui entreprendra cette grande réforme devra, malgré l'appui des Chambres, s'attendre à soulever une tempête, et se cuirasser d'avance contre les injures. On le traitera de barbare et de sacrilège. Beaucoup de lettrés éminents protesteront avec autorité ; beaucoup de demi-lettrés affecteront de se joindre à eux. L'opposition conservatrice sera sincèrement indignée ; le clergé tentera de mettre à profit ce qu'on appellera l'abdication de l'Université. On gagnera cependant la partie, et l'opinion publique se prononcera d'une manière durable en faveur des nouveaux programmes, pourvu qu'ils soient appliqués sérieusement. Il importe surtout que la transformation des études ne soit à aucun degré l'affaiblissement des études, que le progrès utilitaire n'ait pas l'air d'une décadence intellectuelle. Plus que jamais, il sera nécessaire de purger les classes des élèves incapables, de rehausser la valeur des diplômes par la sévérité dans les examens. Plus que jamais on aura besoin de maîtres qui prennent leur tâche à cœur, qui aient conscience non seulement de l'utilité, mais de la beauté de ce qu'ils enseignent. Mieux vaudrait marcher lentement que d'engager la bataille avec des troupes hésitantes ou désaffectionnées. C'est surtout en pareille matière que les meilleures lois sont stériles, si elles ne sont cordialement appliquées, et que le despotisme administratif est impuissant.

Quand on aura délivré les générations nouvelles du fardeau des langues mortes, la tâche ne sera qu'à moitié accomplie; il restera à émanciper l'enseignement. Créée par un despote pour mettre la discipline dans les esprits, l'Université n'a de raison d'être que dans une société où la tutelle du pouvoir est patiemment supportée par les citoyens. Peut-être n'en sera-t-il pas toujours ainsi. Peut-être serons-nous un jour aussi amoureux de la liberté que nous sommes épris de l'unité et du règlement. Si la démocratie française échappe aux Jacobins et aux socialistes, ces champions de l'omnipotence de l'État, un temps viendra où la dignité humaine se révoltera contre la tyrannie des bureaux. On se demandera si un ministère de l'instruction publique est beaucoup plus nécessaire à un peuple adulte qu'un ministère de l'alimentation publique ou de la morale publique. L'éducation de la jeunesse, si elle est soustraite à la compétence du gouver nement et restituée aux délégués directs des familles, ne sera pas pour cela livrée beaucoup plus que maintenant au mercantilisme. Les collèges, les Facultés, les grandes écoles deviendront des corps indépendants, vivant d'une vie propre, enrichis par les dons et legs, qui abonderont en France comme ailleurs, quand l'État cessera de menacer toutes les fondations libres par son ingérence et sa rapacité. Ou bien ce seront des institutions locales, soutenues et contrôlées par les villes, les départements, les provinces.

Mais nous n'en sommes pas là, et la réforme de l'instruction publique est encore une affaire d'État.

FIN.

TABLE

VERSAILLES, IMPRIMERIE CERF ET FILS, 59, RUE DUPLESSIS.